Nachwachsender Rohstoff Mensch
Agentur Jobcenter & Co.

Johanna Sameit

Nachwachsende Rohstoff Mensch

Agentur, Jobcenter & Co.

Bibliographische Information Der Deutsche Bibliothek:
Die Deutsche Bibliothek verzeichnet diese Publikation in der
Deutsche Nationalbibliographie; detaillierte bibliographische Daten
sind im Internet über http://dnb.ddb.de abrufbar.

Januar 2018

Herstellung und Verlag

BOD - Books on Demand GmbH, Norderstedt

Umschlag- und Buchgestaltung: Johanna Mahmutovic/Sameit

e-Mail: johanna-sameit@t-online.de

ISBN: 978-3-7460-6561-8

Inhaltsverzeichnis

Die Gesellschaft

Jede Gesellschaft ist hierarchisch aufgebaut. Auf den einzelnen Hierarchieebenen begegnen sich Menschengruppen mit gleichen oder ähnlichen sozialen Bedingungen und Ausstattungen. Es ist jeweils eine durch unterschiedliche Merkmale zusammengefasste und abgegrenzte Anzahl von Personen, die als soziale Akteure miteinander verknüpft leben und direkt oder indirekt interagieren.

Der Aufbau ist zu vergleichen mit den unterschiedlichen Wellenlägen. Auf diesen Wellenlängen bewegen sich die Menschen je nach Stand und Herkunft, die nie zusammentreffen, auch nicht zusammentreffen wollen. Nach oben oder nach unten gibt es keine Kommunikation. In gleichgesinnten Gruppierungen, Kasten, Sekten, Parteien oder Vereinen treffen sich Menschen mit dem Ziel oder Wunsch, irgendwie dazu zu gehören, auf der gleichen Welle mitzuschwimmen.

Das gesellschaftliche Zusammenspiel, das Verhältnis zwischen Personen gleicht einem ewigen Chaos, einem Schauspiel, in dem jeder nur seine zugewiesene Rolle spielt, ganz gleich ob arm oder reich, Chef oder Arbeiter, Frau oder Mann, Rebell oder Ordnungshüter. Für jede Person kann dieses Schauspiel ein Trauerspiel oder Lustspiel werden.

Der Abstand zwischen den Armen und den Reichen wird immer größer. Die Prominenz, die Elite verlangt nach Geld, Macht, Ansehen und Glanz in der Öffentlichkeit. Das Leben der Prominenz ist sehr hoch angesiedelt. Leitbilder, starke Menschen mit Sozialkompetenz, bedürfen der Anerkennung in der Öffentlichkeit nicht, sie könnte ihnen sogar schaden, weil sie ihre Freiheit einschränken würden.

Zur Machterhaltung muss die Wirtschaftsproduktion ständig angefeuert werden. Für die Produktionssteigerung wird regelmäßig neue Ware benötigt, vor allem die Ware Mensch als ständig nachwachsender Rohstoff. Die scheinbare Wohlstandsgesellschaft ist eine traurige Konsumgesellschaft geworden, gekennzeichnet durch die darin lebenden Menschen, die nichts weitermachen sollen, als kaufen und nochmals kaufen, um den Warenfluss zu steigern. Eine mit Billigprodukten überschwemmte und vom Staat abgefütterte Menschenmasse, mit Suppenküchen und Tafeln, ist willig und genügsam. Die Intelligenz der Masse ist nicht derart hoch anzusehen, dass man von den Menschen die Erkenntnis der Zusammenhänge und den Durchblick bei der modernen Sklaverei erwarten kann.

Wenn die Menschen von der industriellen Massenproduktion von Lebensmitteln krank werden, geplagt von Allergien, Magen- und Darmbeschwerden, Fettsucht, Herz- und Kreislaufkrankheiten und vielem mehr, bedingt durch falsche Ernährung, ist ja schnell die Pharmaindustrie am Zuge mit allen möglichen und unmöglichen Mittel für und gegen die immer mehr werden Wehwehchen. Die Liste

8

der Ursachen für Depressionen ist derart umfangreich und wird derart vielschichtig dargestellt, so dass sich jede Person ihre eigene Depression aussuchen kann.

Wenn die Körper von der Lebensmittel- und Pharmaindustrie so richtig krankgemacht wurden, beginnen die Seelen zu leiden. Depressionen, Lustlosigkeit, Kopfschmerzen, Magenverstimmung bis hin zu Rückenproblemen sind in der Regel auf psychische Probleme zurückzuführen.

Auch hier wird für Abhilfe gesorgt. Psychosomatische Reha-Kliniken und Kureinrichtungen wollen ja auch an dem Produkt Mensch verdienen. Wir haben kein Gesundheitssystem, sondern ein auf Gewinnmaximierung ausgelegtes Krankheitssystem. Die Vorsorge für Gesundheit und praktische, motivierte Lebensgestaltung wird vernachlässigt.

Unsere Gesellschaft ist vom Kopf her so krank, dass eine Förderung für die Basis, für das Fundament jeder Gesellschaft nicht mehr gegeben ist. Das Fundament, gesunde Kinder und Jugendliche, die zu glücklichen, selbstbewussten und selbstbestimmten Menschen erzogen werden und später verantwortungsvoll und charakterfest ihr Leben und das Leben der Gemeinschaft gestalten können. Diese Aufgabe an die zukünftigen Mitglieder der Gesellschaft wird grobfahrlässig vernachlässigt, in den Kindergärten, in den Schulen, in der kompletten Jugendbetreuung und vor allem auch in den Familien.

Helder Camara, geb. 1909, Erzbischof von Brasilien, hatte eine strenge Mutter, Lehrerin. Er sagte später:

„Wir wissen heute, wie viele Kinder an ihren Eltern zerbrechen. Die große Helle der tiefinnerlichen Selbstsicherheit kann dann nie mehr in ihnen wachsen".

Was wird also aus diesen Kindern und Jugendlichen? Sie sind die zukünftige Gesellschaft! Wenn bei einem Menschen auf emotionaler Ebene Schädigungen oder Störungen vorliegen, wenn jegliches Mitgefühl und soziales Empfinden für andere Menschen verloren gegangen ist, gibt es zwei Möglichkeiten: **entweder die betroffenen Personen landen in den Führungsebenen von Wirtschaft, Verwaltung und Finanzwesen, oder sie füllen die Gefängnisse.**

Schon die römischen Kaiser haben nach diesem System ihre Feldherren ausgesucht. Nur wer es schafft, über Leichen zu gehen, kann etwas werden.

Was geschieht aber mit der großen Masse der Menschen, Menschen zwischen Managern und Gefängnisinsassen? Sie müssen verwaltet werden, verwaltet als unselbstständig Beschäftigte in Industrie, Verwaltung, Handel und Dienstleistungsbetrieben. Zu diesen Dienstleitungsbetrieben gehören auch die Bundesagentur für Arbeit, das Jobcenter, Sozialämter etc. Ihre Aufgaben sind es, die arbeitslosen, aber arbeitsfähigen Menschen und die nicht mehr arbeitswilligen und arbeitsunfähigen Menschen zu verwalten.

Die unterste Schicht der Gesellschaft, die Massenware Mensch, kann sich nicht aus eigener Kraft organisieren und selbstbestimmt die Teilhabe am gesellschaftlichen Leben angehen. Ganz gleich, ob die Menschen in die Armut hineingeboren wurden oder aufgrund unterschiedlicher Schicksalsschläge auf dem Boden des Trichters gelandet sind, aus dem es kein Entkommen gibt. Der Trichter ist nach oben hin zu eng und zu glatt und verhindert jeden Ausbruchversuch.

Diese Menschen müssen betreut und verwaltet werden, denn für die Großindustrie, die Supermärkte, Wohnheime und caritativen Einrichtungen sind sie unentbehrlich. Ohne reichlich Nachschub aus dem Warenlager „Mensch" gibt es kein Geldfluss auf den oberen Ebenen. Hier kommen verschiedene Institutionen zum Tragen: Ämter, Ausbildungszentren, Wohnheime, caritative Einrichtungen usw.

Die erste Station, vor allem für arbeitslose Menschen, die während ihrer Beschäftigungszeit Arbeitslosenversicherung einbezahlt hatten, ist die Bundesagentur für Arbeit.

Die Bundesagentur für Arbeit

Die Bundesagentur für Arbeit erbringt Leistungen für den Arbeitsmarkt, wie z.B. Arbeitsvermittlung, Arbeitsförderung und Entgeltersatzleistungen (Arbeitslosengeld, Kurzarbeitergeld und Insolvenzgeld). Finanziert werden diese Leistungen vor allem aus der Arbeitslosenversicherung. Betroffene Personen, die in den einzelnen Kommunen von der Agentur betreut werden, sind vor allem Menschen, die aus irgendwelchen persönlichen oder betriebsbedingten Vorkommnissen und Schicksalsschlägen ihre nichtselbstständige Arbeit verloren haben. Krankheiten, Unfälle und tragische Belastungen im persönlichen und familiären Bereich erfordern den Gang zur Agentur für Arbeit. Außerdem werden von der Agentur verwaltet und betreut: Schul- und Studienabgänger und benachteiligte Jugendliche, die den Einstieg in das Berufsleben noch nicht geschafft haben.

Die Agentur berät und betreut also arbeitsfähige und arbeitswillige Menschen und vermittelt sie in Betriebe, unterschiedliche Maßnahmenträger für Fortbildung und außerbetriebliche Berufsausbildungs-Einrichtungen (BaE), die als Bindeglied von Agentur und Betrieb tätig sind und von der Agentur gut bezahlt werden.

In diesen BaE's werden vor allem betreuungsbedürftige Menschen untergebracht und beschäftigt, die in irgendeiner Weise gehandicapt sind und vorübergehend oder auf Dauer die Teilhabe am gesellschaftlichen Leben nicht mehr selbstbestimmt gestalten können.

Die Bundesagentur für Arbeit ist der größte Arbeitgeber in Deutschland. Die übergeordnete Behörde ist das Bundesministerium für Arbeit und Soziales (Rechtsaufsicht).

Gegliedert sind die Aufgaben und Leistungen der Agentur in folgende Bereiche:

I. Zahlung von Entgeltersatzleistungen:
- Arbeitslosengeld, auch bei Weiterbildung
- Kurzarbeitergeld
- Insolvenzgeld
- Sonstige Zahlungen

II. Leistungen der aktiven Arbeitsförderung:
- Eignungsfeststellungen
- Eingliederungszuschuss
- Förderung der beruflichen Weiterbildung
- Gründungszuschuss
- Sonstige Leistungen

III. Förderung der Berufsausbildung:
- Berufsvorbereitende Bildungsmaßnahmen (BvB)
- Ausbildungsbegleitende Hilfe (abH)
- Ausbildung in außerbetrieblichen Einrichtungen (BaE)

-   Berufsausbildungsbeihilfen
-   usw.

IV.   Sonstige Aufgaben unter anderem:
-   Rehabilitationsleistungen
-   Schwerbehindertenrecht, Sozialleistungen
    für die Unterstützung von kranken, be-
    hinderten und von Behinderung betroffe-
    nen Personen für die Wiedereingliederung
    in das berufliche und gesellschaftliche
    Leben.

Der Leistungs- und Aufgabenkatalog der Bundes-
anstalt für Arbeit ist umfangreich und hört sich gut
an. Betreuung und Unterstützung kann jede in Not
geratene arbeitsfähige und arbeitswillige Person für
die unterschiedlichen Lebensbereiche in Anspruch
nehmen. Qualifizierte Ausbildung und Unterstützung bei der Suche nach einem geeigneten Arbeits-
platz sollte doch wirklich für gute Stimmung sorgen
und zufriedene und glückliche Menschen hervor-
bringen!

Es ist aber im Leben nichts so, wie es sein könnte.
Ein tiefer Abgrund klafft immer zwischen dem täglich gelebten Leben und seinen Möglichkeiten.
Theorie und Praxis ist nur schwer, oder oft gar
nicht unter einen Hut zu bringen.

Welcher Weg in die Zukunft beginnt für einen Betroffenen, wenn er sich entscheidet, zur Agentur zu
gehen um Unterstützung zu beantragen? Mit bisher
guter Beschäftigung, abgeschlossener Lehre und

jahrelanger Beschäftigung als qualifizierter Facharbeiter kam plötzlich der Crash, betriebsbedingte Kündigung wegen Umsatzeinbruch. Die Arbeitslosenversicherung wurde regelmäßig vom Lohn oder Gehalt einbehalten und abgeführt.

Beim ersten Besuch in der Agentur werden die Menschen zunächst einmal mit den persönlichen Daten numerisch erfasst. Jede Person bekommt eine *Artikelnummer* und wird als *Ware Mensch* einer bedürftigen Gruppe zugeordnet. In Schubladen abgelegt als Produkte für den schnellen Einsatz, der nicht so geläufigen Verwendbarkeit oder gekennzeichnet als mangelhaft und unbrauchbar. Dies geschieht auch mit Studienabgängern vieler Berufszweige und Schülern von Fach- und Wirtschaftsschulen.

Also, die Nummer ist jetzt vergeben. Jede betroffene Person darf jetzt ihren Namen vergessen, denn bei allen Kontakten, telefonisch, schriftlich oder persönlich wird zunächst gefragt: „Bitte ihre BA-Nummer!" Ein Verbesserungsvorschlag wäre vielleicht, die BA-Nummer allen Arbeitslosen auf den Unterarm zu stempeln, so, wie es bei den Artikelnummern und Artikelgruppen ja auch erforderlich ist.

Nun beginnt die eigentliche Bearbeitungszeit. Vier bis sechs Wochen bis zur Erteilung des Bescheids über das Arbeitslosengeld ist allgemein üblich. Wenn allerdings in den Hauptanträgen Angaben fehlen, oder Belege, wie Zeugnisse, Vermögensaufstellungen und Auskünfte über Familienangehörige etc., kann sich die Bearbeitungszeit und Entscheidung über die zu zahlende Unterstützung nochmals um Wochen verlängern, denn nach Eingang der fehlenden Belege beginnt die Wartezeit für die Bearbeitung von Neuem.

Etwas schneller geht die Zustimmung für Zahlungen von Kurzarbeitergeld, Insolvenzgeld und Gründungszuschuss. Hier stehen Betriebe, Insolvenzverwalter und Betriebsgründungen im Vordergrund und keine einzelnen, persönlichen Bedürfnisse.

Durchaus persönliche Bereiche sind die *Leistungen der aktiven Arbeitsförderung* mit der *Förderung der beruflichen Weiterbildung.* Ausbildungseinrichtungen, Berufsfortbildungszentren und Bildungseinrichtungen für alle Berufs- und Lebensbereiche gibt es wie Sand am Meer. Fast alle Schulen/Bildungsinstitute besitzen eine Zertifizierung nach AZAV und sind in der Lage, mit öffentlichen Mitteln geförderte Qualifizierungen durchzuführen.

Mit dem Aktivierungs- und Vermittlungsgutschein (AVGS), oder Bildungsgutschein der Agentur für Arbeit oder vom Jobcenter können oder müssen die Arbeitslosen und von Arbeitslosigkeit betroffenen Personen die Kurse oder Seminare besuchen. Mit dem Gutschein werden Maßnahmenziel und Inhalt der Fortbildung festgelegt und eine Förderzusage erteilt.

Zu unterscheiden ist zwischen der Förderung der beruflichen Weiterbildung (FBW) und den unterschiedlichen Förderungsmaßnahmen der Berufsausbildung.

Arbeitslose, ehemalige Fachkräfte aus allen Berufszweigen, müssen an Kursen, Seminaren und allen möglichen und unmöglichen Weiterbildungsmaßnahmen teilnehmen, wenn sie von Sanktionen (Kürzung des Arbeitslosengeldes) verschont bleiben wollen. Für die Weiterbildung wird Ziel und Inhalt von der Agentur vorgegeben und der Maßnahmenträger wird von der Agentur bestimmt.

Diese Institute sind für die Weiterbildungsförderung zugelassene Bildungseinrichtungen, die mit der Zertifizierung nach AZAV in der Lage sind, mit öffentlichen Mitteln geförderte Qualifizierungen durchzuführen. Angeboten werden z.B. Seminare, Training und Coaching für folgende Berufsbereiche: Rechnungswesen, Personalwesen, Büromanagement, Computer und Sprachseminare, Marketing, Vertrieb und Bewerbungsmanagement.

Nach dem Prinzip von „Fordern und Fördern" müssen Erwerbslose alle Möglichkeiten, um ihre Hilfsbedürftigkeit zu verbessern oder zu beenden, ihre individuelle Beschäftigungsfähigkeit fördern. Dies geschieht durch die Teilnahme an amtlich zugewiesenen Seminaren für den Erhalt und Ausbau von Fähigkeiten und Fertigkeiten und den Erwerb von Wissen.

Mit der Arbeitsförderung soll ein hoher Beschäftigungsstand erreicht werden, der dem beschäftigungspolitischen Ziel der Bundesregierung entspricht. In der Praxis bedeutet dies, dass mit oft unsinnigen und entwürdigenden Maßnahmen Pflichtzuweisung zu Seminaren erfolgen, die lediglich den Sinn und Zweck erfüllen, die Arbeitslosenzahl zu manipulieren und die Arbeitslosenstatistik zu bereinigen, die aber in keiner Weise den beruflichen Neigungen und Wünschen der Betroffenen entsprechen.

Keine Statistik stimmt, die Arbeitslosenstatistik am wenigsten.

Wichtig ist, dass der Handel mit der Ware Mensch floriert. Gegenüber unwilligen Arbeitslosen werden Sanktionen ausgesprochen, damit das Geld auf höherer Ebene ungeniert fließen kann. Zwischen den Bildungsträgern, Ausbildungszentren und Jugendwohnheimen, die mit der Agentur für Arbeit kooperieren, zusammenarbeiten, besteht ein regelrechter Wettbewerb um die Ware Mensch. Die Räume müssen gefüllt werden, damit die staatliche Förderung für die unterschiedlichen Artikel, je nach Verwendbarkeit, gewährleistet ist.

Die Erniedrigung und der Tod der „Abgelegten" gehört zum Kalkül der Politik.

Bei der Zuweisung der Arbeitslosen zu bestimmten Bildungsmaßnahmen wird seitens der Mitarbeiter der Agentur nicht im Geringsten die vorhandene berufliche Ausbildung, Qualifizierung und Neigung der Menschen berücksichtigt. Sozialkompetenz und menschliche Gefühle sind für die Verwaltung der sich massenhaft vermehrenden und nachwachsenden Ware Mensch fehl am Platz und auch nicht gewollt.

Ein IT-Spezialist bekam in einem großen Industrieunternehmen mehrmals nur einen befristeten Arbeitsvertrag und wurde dann arbeitslos. Er musste an einem Grundkurs für Word, Excel und Windows teilnehmen um eine Kürzung des Arbeitslosengeldes zu vermeiden und einem Aktenvermerk „arbeitsunwillig, keine Mitarbeit" zu entgehen.

Eine EDV-Kauffrau mit langjähriger Berufserfahrung bekam eine betriebsbedingte Kündigung. Nach der Registrierung bei der Agentur wurde sie einem Seminar für Bürokommunikation zugewiesen. Die Lehrerin des Bildungsträgers schickte sie während des Unterrichts zum Einkaufsbummel. Sie hatte keine Idee, was sie der kaufmännischen Fachkraft noch lehren sollte. Selbstverständlich wurde aber die vollzählige Schülerzahl mit der Agentur abgerechnet.

Interessant ist auch folgender Vorgang: eine 52jährige Frau, qualifizierte Industriekauffrau, 20Jahre beschäftigt im Rechnungswessen, arbeitslos wegen Umzug und Krankhcit, sollte ein Seminar für kaufmännische Grundkenntnisse belegen. Ihre Ablehnung dieser unwürdigen Behandlung wurde mit Sanktionen geahndet.

Nur drei Fälle. Recherchen im Bekanntenkreis und über Facebook würden sicherlich mehrere Bände füllen mit der Zusammenstellung der diskriminierenden Vorgehensweise seitens der Agenturmitarbeiter.

Die Frage ist: Unwissenheit, Unfähigkeit oder kalte Berechnung für die Verwaltung der nach unten gefallenen, aber mit Herz und Seele erfüllten Menschen? Sie sind völlig abhängig von Menschen, die umgekehrt in keiner Weise von ihnen selbst abhängig sind. In dieser Lage kann der Mensch keine Initiative ergreifen und motiviert sein, etwas zu unternehmen, denn ohne Stärke muss jedes kühne Handeln scheitern. Wenn bestrafen und erniedrigen den Sieg über Leben und Verdienst erringen, nimmt die positive Energie ständig ab, während die negative Energie wächst. Es kann dazu kommen, dass betroffenen Agenturkunden vor Wut und Zorn alle Diplomatie und Sachlichkeit gegenüber ihren Peinigern, den Sachbearbeiten der Agentur, vergessen und schlicht und einfach ausrasten.

Was geschieht dann? Es werden amtlich verordnete ärztliche und psychiatrische Gutachten erstellt, um die widerspenstigen und gefährlichen Geschöpfe in psychiatrische oder caritative Einrichtungen unterzubringen, oder in Behindertenwerkstätten. Gefügig gemacht und weggesperrt.

In einem Gespräch mit einer Mitarbeiterin einer dieser caritativen Einrichtungen sagte sie: „Ja, wissen Sie, es geht ja grundsätzlich immer nur um den finanziellen Rückfluss vom Staat. Bei mehrfach Behinderten ist dieser Geldfluss besonders hoch".

An dieser Stelle möchte ich überleiten zu dem nächsten großen Aufgabenbereich der Agentur, die Berufsausbildungsförderung. Hierfür werden unterschiedliche Programme angeboten.

Der nachfolgend erzählte Fall war eine „Ausbildung in außerbetrieblichen Einrichtungen (BaE). Ein junger Mann, nennen wir ihn Franz, Rollstuhlfahrer, 80% gehbehindert seit seinem 11. Lebensjahr, wollte sich nach seinem 18. Geburtstag endlich von der 7jährigen Betreuung in Reha-Zentren, Kliniken, Jugendwohnheimen und der Betreuung in Pflegefamilien befreien und selbstständig werden.

Er hatte nur wenig Erfahrung vom wirklichen Leben und ahnte noch nicht, dass gefühlte Selbstständigkeit im Kopf noch keine Selbstständigkeit in der Praxis ist. Sich täglich selbst zu organisieren mit Disziplin und Durchhaltevermögen ist eine harte Aufgabe, vor allem im Umgang mit Ämtern.

Er ging also zur Agentur für Arbeit zu einem Beratungsgespräch. Auch hier, wie in allen vorhergehenden Einrichtungen, wurde zunächst versucht, Franz als mehrfach Behinderten einzustufen, um ihn in einer Behindertenwerkstatt unterzubringen. Franz hat dies entschieden und konsequent abgelehnt, wie in den Jahren davor. Sein Motto: „Ich bin nicht geistig behindert und will etwas lernen."

Zum 01.09.2016 wurde ein Ausbildungsvertrag als „Kaufmann für Büromanagement" zwischen Franz und dem BfZ – Berufliche Fortbildungszentren der Bayerischen Wirtschaft – abgeschlossen. Leistungsträger für die Zahlung des Ausbildungsgeldes ist die Agentur für Arbeit, zuständig für „Leistungen zur Teilhabe am Arbeitsleben gemäß §§112ff Sozialgesetzbuch- Drittes Buch – (SGBIII).

Der Ausbildungsplatz war jetzt auf dem Papier vorhanden. Wie sieht aber die Praxis aus?

Die Berufsausbildungseinrichtung dient quasi als Sprungbrett für eine <u>betriebliche Ausbildung in einem Kooperationsbetrieb.</u> Es soll eine Berufsausbildung für Menschen mit besonderem Unterstützungsbedarf sein. Die Abläufe für den Auszubildenden sind klar und deutlich in dem Informationsblatt der außerbetrieblichen Einrichtung an die Kooperationsbetriebe festgehalten:

„Informationsblatt
über die Berufsausbildung in außerbetrieblichen Einrichtungen (BaE) für Kooperationsbetriebe

Was ist BaE?

BaE bedeutet Berufsausbildung in außerbetrieblichen Einrichtungen. BaE ist eine Fördermaßnahme der **Agentur für Arbeit.** *Sie ermöglicht Jugendlichen und jungen Erwachsenen den Beginn einer* **Berufsausbildung in einem staatlich anerkannten Ausbildungsberuf** *mit dem Ziel des Übergangs in eine reguläre betriebliche Ausbildung bzw. dem erforderlichen Abschluss der außerbetrieblichen Ausbildung.*

22

Für diese geförderte Berufsausbildung suchen wir Kooperationsbetriebe.

Die Vorteile von BaE für einen Kooperationsbetrieb

Der Kooperationsbetrieb sorgt dafür, dass der Auszubildende alle fachpraktischen Fertigkeiten und Kenntnisse erlernt, die er zum Erreichen des Ausbildungszieles benötigt. Dabei liegen der Ausbildungsrahmenplan und das Berufsbildungsgesetz zugrunde.

Im Unterschied zu einem regulären betrieblichen Ausbildungsverhältnis hat der Kooperationsvertrag allerding den Vorteil, dass

- der **Ausbildungsvertrag** zwischen dem Auszubildenden und dem bfz geschlossen wird. Der Kooperationsbetrieb und das bfz schließen einen Kooperationsvertrag.

- dem Kooperationsbetrieb **keine Kosten für das Lehrgehalt, Lohnnebenkosten sowie überbetriebliche Lehrlingsunterweisungen** entstehen.

Zusätzlich zu der Ausbildung in der **Berufsschule** und einem **Kooperationsbetrieb** bekommt der Auszubildende in den Räumlichkeiten des bfz **Stütz- und Förderunterricht.** Hier werden fachtheoretische, fachpraktische und allgemeinbildende Inhalt der Ausbildung aufgearbeitet und gefestigt, sowie allgemeine und berufsspezifische Schlüsselqualifikationen trainiert.

Dem Auszubildenden und dem Kooperationsbetrieb steht im bfz außerdem ein **persönlicher Ansprechpartner** *zur Seite, der bei Problemen in der Ausbildung und persönlichen und sozialen Schwierigkeiten des Auszubildenden Unterstützung bietet.*

Wenn Sie Interesse daran haben, einen Jugendlichen bei dieser sinnvollen **Maßnahme** *als Kooperationsbetrieb zu unterstützen, melden Sie sich bitte bei ......"*

Ein klares, aussagefähiges Schriftstück, gute Unterstützung für die Jugendlichen, aber leider nur schöne Worte auf dem Papier.

Von Beginn des Aufenthalts beim BFZ gab es für Franz keine Unterstützung, die Berücksichtigung als Schwerbehinderter blieb vollkommen aus. In der Berufsschule waren sie zu dritt, zwei lernschwache Schüler und ein geistig fitter, aber körperlich gehandicapter Schüler.

Außerdem gab es beim BFZ keinen persönlichen Betreuer als Ansprechpartner und vor allem keine Unterstützung bei der Suche nach einem betrieblichen Ausbildungsplatz. Anhand einer Firmenliste mit 60 Adressen sollte sich der Auszubildende online einen betrieblichen Ausbildungsplatz besorgen. 27 Firmen wurden angerufen. Einige Ergebnisse dieser Anrufe sehen Sie in der nachfolgenden Auflistung:

- alte Liste, keine Möglichkeit
- 1. Stock ohne Aufzug
- keine Rampe, nur Treppen

- Büro im 6. und 7. Stock, dazwischen Treppen
- Zurzeit keine Ausbildungsmöglichkeit
- Stufen im Eingangsbereich
- 2 Azubis vorhanden
- keine Ausbildung, alte Liste
- keine Einrichtung für Rollstuhlfahrer
- wir nehmen nicht mehr an diesem Projekt teil
- Büro auf mehrere Stockwerke verteilt
- keine Ausbildung Bürokaufmann
- keine Zugangsmöglichkeit

Dies sind nur ein paar Beispiele. Firmen außerhalb des Verkehrsnetzes in Gewerbegebieten oder entfernten Stadtteilen kamen schon gar nicht infrage, denn die unüberwindbare Schwierigkeit im Berufsverkehr in den Stoßzeiten zu den einzelnen Einrichtungen, Betrieb, Berufsschule und BFZ zu kommen, wurde nicht beseitigt. Die Agentur für Arbeit und die außerbetriebliche Bildungseinrichtung haben sich nicht darum bemüht, einen Fahrdienst zu beauftragen. Hinzu kommt noch, dass nicht an allen Straßenbahnhaltestelle ein Einstieg und Ausstieg für einen zu 80% gehbehinderten Rollstuhlfahrer gewährleistet ist.

Kurz und gut, es wurde ein Ausbildungsvertrag abgeschlossen, der von Beginn an zum Scheitern verurteilt war. Die Agentur und die außerbetriebliche Einrichtung haben total versagt und die erforderli-

che Unterstützung nach §33 Neuntes Buch Sozial-
gesetzbuch (SGBIX) missachtet.

In dem Formular vom Jobcenter „Hauptantrag zu
SGBII“ steht auf Seite 3 als Frage, die mit ja oder
nein zu beantworten war: „Ich habe eine Behinderung und erhalte Leistungen zur Teilhabe am Arbeitsleben nach §33 Neuntes Buch Sozialgesetz-
buch (SGBIX) oder sonstige Hilfen zur Erlangung
eines geeigneten Arbeitsplatzes“. Diese Frage musste mit „nein“ beantwortet werden, denn es fehlte
jede Unterstützung, was man ohne Bedenken als
Diskriminierung bezeichnen kann. Die über mehrere Monate schriftlich und mündlich gestellte Frage: „Was wurde bisher von der Agentur für Arbeit
und vom BFZ für die Erreichung einer betrieblichen Ausbildung unternommen?“, wurde bis heute
nicht beantwortet. Eine Antwort war auch nicht
möglich, es wurde nichts getan.

Anfang Dezember 2016 gab es eine Besprechung
beim BFZ mit dem Betroffenen, der Mitarbeiterin
der Agentur und der verantwortlichen Person vom
BFZ. In diesem Gespräch wurde die Probezeit ver-
längert bis zum 11.01.2017 mit der Auflage, sich in
dieser Zeit um einen betrieblichen Ausbildungsplatz
zu bemühen, alleine, ohne die notwendige Unterstützung der verantwortlichen Personen. Während
des Gesprächs am 6.12.2016 sagte die BFZ-
Mitarbeiterin zu Franz: „Du musst bis Anfang Januar nicht mehr kommen“. Franz war am
11.01.2017 pünktlich vor Ort beim BFZ, aber die

Mitarbeiterin der Agentur nicht, scheinbar wegen Krankheit.

Für einen neuen Termin wurde der 19.01.2017 festgelegt, diesmal bei der Agentur für Arbeit. Bei diesem Gespräch wurde endlich die längst überfällige Aufhebung des Ausbildungsvertrages beschlossen.

Jetzt folgt aber der Hammer. Für die Fehlzeiten Dezember 2016 bis 19.01.2017 und Kranktage im November, wofür die Krankmeldungen, im Beisein von Zeugen, in den Postbriefkasten eingeworfen wurden, aber scheinbar nicht beim BFZ angekommen sind, fordert die Agentur einen Betrag über 621,95 Ausbildungsgeld zurück.

Der Schriftverkehr mit der Agentur füllt inzwischen zwei Aktenordner mit Widerspruch gegen Rückforderung, Dienstaufsichtsbeschwerde wegen Untätigkeit, Klarstellung von Falschaussagen der Agenturmitarbeiter usw. Da jede Antwort von anderen Sachbearbeitern kam, die scheinbar den Zusammenhang nicht durchschauten und vor allem die fehlende Unterstützung im BFZ nicht beurteilen konnten, wurde der Schriftverkehr nur noch mit dem Vorstandsvorsitzenden der Agentur geführt. Der gute Mann hatte wohl am wenigsten den Durchblick. Nachfolgend der letzte Brief an den Vorstandsvorsitzenden:

Kundennummer: xxxxxxxxxxx
Ihre Schreiben vom 10.04.2017 und 13.04.2017

Sehr geehrter Herr xxxxx,

Ihre Schreiben erhalten Sie als Kopie mit den entsprechenden Bemerkungen zurück.

Eine kurze Zusammenfassung:

Die Maßnahme für Franz Mustermann – Ausbildungsvertrag mit der Bundesagentur für Arbeit und einem außerbetrieblichen Bildungsträger – ist fehlgeschlagen. In allen Briefen der Agentur wird vom Ergebnis der gescheiterten Maßnahme geschrieben – nicht von _Grund und Ursache des Scheiterns:_

1. **Keine Unterstützung bei der Beschaffung eines betrieblichen Ausbildungsplatzes.** Die seit Monaten mehrfach schriftlich gestellte Frage, was seitens der Agentur und des Ausbildungsbetriebes in dieser Sache getan wurde, ist bis heute unbeantwortet geblieben.

2. **Keine Vermittlung für einen täglichen Fahrdienst.**

3. **Keine Gestellung eines Betreuers.** (Anlage Antrag Jobcenter-HA 01- 3. Prüfung eines Mehrbedarfs.

In der außerbetrieblichen Ausbildungseinrichtung gab es _keinen Stütz-und Förderunterricht._

Nur in den ersten 3 Wochen Einführung in Windows und Word, um anschließend alleine als Schwerbehinderter anhand einer unzumutbaren Firmenliste einen betrieblichen Ausbildungsplatz zu finden.

Die Zuweisung zur Berufsschule - eine Förderklasse mit drei Schülern, davon zwei lernbehindert – war diskriminierend.

Ohne diese notwendige Unterstützung seitens der verantwortlichen Personen bei der Agentur und dem Bildungsträger hätte die Probezeit spätestens im Lauf vom November beendet werden müssen. Es war zu diesem Zeitpunkt vollkommen klar, dass Franz den physischen und psychischen Belastungen nicht gewachsen war, Abmahnung statt Unterstützung nach §33.

Verschüttetes Wasser kann man nicht wieder einsammeln. Die Schreiben der Agentur kann man einem Zitat von Blaise Pascal (franz Philosoph, Mathematiker und Physiker, Begründer der Wahrscheinlichkeitsberechnung (1623-1662) zuordnen:

„Ich fragte ihn ob das Pferd gesattelt sei,

und er antwortete mir,

dass der Frosch keinen Schwanz habe. "

Mit freundlichen Grüßen

Die Forderung über € 621,95 wurde von der Agentur zur zentralen Einzugsstelle nach Recklinghausen gegeben – die Kopien unserer Briefe auch.

Nach dem oben angeführten Brief kam von der Agentur ein kurzes Schreiben, dass alles gesagt wurde und sie sich nicht mehr melden.

Zwei Tage später kam von der Agentur für Arbeit aus Recklinghausen auch ein kurzes Schreiben, mit dem Hinweis: *Ihr Schreiben wurde an die zuständige Agentur weitergeleitet – eine Entscheidung über die bestehenden Einwände ist mir nicht möglich.*

Der Vorgang mit der Agentur wurde ohne weitere Forderungen seitens der Agentur vorläufig stillschweigend beendet.

Der Übergang von der Agentur für Arbeit zum Jobcenter nach der Aufhebung des Ausbildungsvertrages war jetzt allerdings vorbelastet mit den Falschaussagen der zuständigen Sachbearbeiterin der Agentur gegenüber dem Mitarbeiter des Jobcenters.

Der Wechsel von der Leistung von der Agentur für Arbeit: „Ausbildungsbeihilfe" zur Vergütung vom Jobcenter: „Leistung zur Sicherung des Lebensunterhalts (SGBII)" begann mit dreimonatigen Sanktionen. Statt der Grundsicherung „Leistung zur Sicherung des Lebensunterhalts" bekam Franz Gutscheine über monatlich € 62,00 für Lebensmittel.

Hierzu mehr Details im nächsten Kapitel „Jobcenter".

Das Jobcenter

Das Jobcenter ist eine gemeinsame Einrichtung der Bundesagentur für Arbeit und eines kommunalen Trägers. Als Grundsicherungsamt, früher Sozialamt, hat das Jobcenter die Aufgabe nach dem SGBII (früher Hartz IV), für Arbeitssuchende die Sicherung zum Lebensunterhalt zu gewähren und den betroffenen Personen Perspektiven und Möglichkeiten zu eröffnen, ihren Lebensunteralt aus eigenen Mitteln und Kräften zu bestreiten.

Das Jobcenter ist zuständig für Menschen, die früher Arbeitslosenhilfe vom Arbeitsamt oder Sozialhilfe von der Kommune bekommen haben.

Die Aufgaben des Jobcenters sind in zwei Hauptbereiche gegliedert:

1. Das passive Leistungsrecht: Zahlungen zur Sicherung des Lebensunterhalts wie Regelleistungen und Leistungen für Unterkunft und Heizung.

2. Das aktive Leistungsrecht: Arbeitsvermittlung, Weiterbildung, Eingliederungshilfe und kommunale Leistungen wie Suchtberatung und Schuldenberatung.

Eine Unterstützung für die Hilfsbedürftigen können Begleitpersonen sein – sogenannte Mitläufer.

Die Berufsberatung ist weiterhin die Aufgabe der Agentur für Arbeit. Aber Personen, die Arbeitslosengeld I bekommen und ergänzend Arbeitslosen-

geld II erhalten, Aufstocker, werden vom Jobcenter
für die Arbeitsvermittlung betreut.

Besondere Zuständigkeiten zwischen dem Sozialamt und dem Jobcenter gibt es für den Kreis der
nichterwerbsfähigen Hilfsbedürftigen.

Wie kommen nun die Menschen von der Agentur
für Arbeit zum Jobcenter? Welcher Weg führt die
Betroffenen, die nicht mehr am Beschäftigungssys-
tem teilhaben können, in die „Neue Unterschicht"?
Der sichtbare Grund ist der Wegfall von Arbeitslosengeld I wegen Langzeitarbeitslosigkeit und bei
Jugendlichen der nicht geglückte Weg über eine Berufsausbildung ins Arbeitsleben zu kommen. Abge-
brochene Berufsausbildungsangebote der Agentur
aus unterschiedlichen Gründen können hier die
Auslöser sein.

Welche wesentlichen Merkmale kennzeichnen die
Unterschicht? Kritische soziale Rollen kommen in
der gesamten Sozialstruktur vor, auch in der Ober-
schicht. So treffen wir in der Unterschicht, in den
Warteschlangen vor den Jobcentern, ewige Privat-
dozenten neben entlassenen Strafgefangenen, rui-
nierte Adelige neben Schulschwänzern, bankrotte
Unternehmer neben Obdachlosen, gescheiterte
Künstler neben illegalen Einwanderern, Drogen-
und Alkoholabhängige und auch psychisch Kranke.
Außerdem natürlich die vielen Langzeitarbeitslosen,
die aufgrund der immer besser werdenden und
schnell fortschreitenden Rationalisierungstechniken
nicht mehr gebraucht werden.

Diese Menschen sammeln sich in und vor den Jobcentern und hoffen auf Unterstützung nach dem Motto:
„Im Wartesaal zum großen Glück da warten viele, viele Leute. Sie warten seit gestern und hoffen auf morgen und vergessen, es ist ja erst heute. Ach die armen, armen Leute."

Man sollte diese Menschen aber nicht in Schichten einteilen und in Schubladen stecken, denn jeder Mensch ist ein einmaliges und einzigartiges Wesen, nur einer hat es schwerer oder ist schwächer, die Schicksalsschläge zu verkraften. Wir sind alle nur ein Hauch im Universum und haben täglich die gleiche Aufgabe zu erfüllen. Wir müssen täglich mit uns und unserer Umwelt zurechtkommen, ganz gleich, ob arm oder reich, dick oder dünn, hoch intelligent oder geistig minderbemittelt.

Was geschieht jetzt im Jobcenter? Zunächst werden die Menschen, wie bei der Agentur, mit einer Nummer versehen und mit den persönlichen Daten erfasst. Zum „Hauptantrag auf Leistung zur Sicherung des Lebensunterhalts" (6 Seiten) kommen noch der „Antrag zur Feststellung der Einkommensverhältnisse", „Antrag zu Feststellung der angemessenen Kosten der Unterkunft und Heizung", „Antrag zur Feststellung von Unterhaltsansprüchen" und je nach Vorgabe noch unterschiedliche Anlagen.

Schon das Ausfüllen dieser Formulare ist für viele Menschen eine besondere Herausforderung. Jetzt wird nach dem Grund der Antragsstellung gefragt.

Spätestens bei dieser Frage stellt der Betroffene fest, dass die eigenen Angaben nichts wert sind und bei der Bearbeitung auch nicht beachtet werden. Der Sachbearbeiter des Jobcenters stützt sich ausschließlich auf die oft nur mündlich erteilten Aussagen der Agenturmitarbeiter. Gegen die zuständige Mitarbeiterin lag aber eine Dienstaufsichtsbeschwerde wegen Untätigkeit vor. Es ist deshalb nicht schwer, sich vorzustellen, was diese Frau dem Kollegen beim Jobcenter erzählt hat.

Als Ergebnis begann für Franz der Einstieg beim Jobcenter mit dreimonatigen Sanktionen. Das Schreiben vom 13.02.2017 „Anhörung zum möglichen Eintritt von Sanktionen" enthielt vollkommen falsche Angaben, z.B. „Sie haben zum 31.12.2016 ihr Ausbildungsverhältnis beim bfz laut eigenen Angaben selbst beendet". So ein Quatsch. Dies wurde von dem Betroffenen mit Sicherheit nicht gesagt. Der Aufhebungsvertrag zwischen bfz, der Agentur und dem Betroffenen zum 19.01.2017 liegt schriftlich vor. Dies wurde dem Jobcenter am 16.02.2017 schriftlich mitgeteilt. Trotzdem kam am 17.02.2017 der Bescheid über Sanktionen; Lebensmittelgutscheine von monatlich € 205,00. Als wir am 17.03.2017 die Gutscheine abholen wollten, stellte die neue Sachbearbeiterin fest, dass der Bescheid falsch ist und Franz nur Gutscheine über € 62,00 bekommt. Das Kindergeld musste scheinbar noch abgezogen werden.

Am 26.04.2017 wurde von uns der Widerspruch gegen den neuen Sanktionsbescheid eingelegt. Trotz wiederholter Erinnerungen, schriftlich und in persönlichen Gesprächen mit der zuständigen Sachbearbeiterin, gibt es bis heute, 13.11.2017, keine Antwort auf den Widerspruch. Antwort der Sachbearbeiterin: „ich bin für Sanktionen nicht zuständig".

Laut der BA steht dem Jobcenter kein direktes Ermessen zu, ob eine Sanktion eintritt oder nicht. Eine Sanktion darf erst nach genauer Prüfung aller Vorwürfe von Seiten der Jobcentermitarbeiter durchgeführt werden. Es hat aber keine Prüfung stattgefunden. Unsere Klarstellung der Vorgänge bei der Agentur wurde ignoriert. Vielleicht wurde sie auch ignoriert, weil sie nicht verstanden wurde, denn nicht jede Person kann oder will bei komplizierten Vorgängen die Zusammenhänge erkennen und beurteilen.

In einem Brief an den Vorstandsvorsitzenden der Agentur heißt es u.a.: „mit Zivilcourage und Verantwortungsgefühl sollte Frau XX dem Jobcenter gegenüber ihre Aussage den Tatsachen entsprechend korrigieren, damit die mir auferlegten Sanktionen von April bis Juni aufgehoben werden". In dem Antwortschreiben vom Vorstandsvorsitzenden der BA heißt es zu diesem Punkt: „Bezüglich Ihrer leistungsrechtlichen Anfrage das Arbeitslosengeld II betreffend, kann die Agentur für Arbeit keine Aussage treffen, da dies in das Aufgabengebiet des

Jobcenters fällt". Die von der Agentur mit Falschaussagen verursachten Sanktionen wurden nicht erwähnt. Das soll noch ein Mensch verstehen.

Der Sanktionsmechanismus beim Jobcenter gegenüber erwachsenen, mündigen Menschen, oft mit viel Lebenserfahrung, ist unwürdig und beleidigend. Die Menschen werden als dumme Kinder behandelt und schuldig gesprochen für ihre in der Regel unverschuldeten, tragischen Situationen.

Man kann das Gefühl nicht loswerden, dass es zu den Hauptaufgaben des Jobcenters gehört, nach Gründen für die Erteilung von Sanktionen zu suchen, erkannte Fehlverhalten zu bestrafen. Das SGBII hat aber die Aufgabe, mögliches Fehlverhalten der Arbeitslosen und Arbeitssuchenden zu vermeiden, um keine Reduzierung ihrer Geldleistungen – Sanktionen - herbeizuführen.

Was heißt Fehlverhalten?

Um den Geldbezug vom Staat zu vermeiden, müssen die Arbeitslosen alle Möglichkeiten nutzen, ihre Hilfsbedürftigkeit zu verringern. Es ist aber ein Widerspruch in sich, dass Langzeitarbeitslose sanktioniert werden, wenn die BA es in der ersten Etappe der Arbeitslosigkeit, während der Zeit des Bezugs von Arbeitslosengeld I, nicht geschafft hat, mit aktiver Unterstützung die Menschen wieder in ein Beschäftigungsverhältnis zu bringen.

Als Bezieher von Arbeitslosengeld II sollen sie jetzt aktiv und motiviert an allen erforderlichen Maßnahmen zur Eingliederung mitarbeiten.

Im Sinne der Jobcenter heißt aktiv mitarbeiten regelmäßig Bewerbungen schreiben und vom Jobcenter vorgeschriebene Vorstellungstermine wahrnehmen. Monatlich müssen die Betroffenen zu den Besprechungsterminen bei der Arbeitsvermittlung erscheinen. Wenn sie Termine unentschuldigt versäumen, werden wieder Sanktionen ausgesprochen.

Die vom Jobcenter vorgeschrieben Vorstellungstermine sind für die Betroffenen oft ein Gang nach Canossa, eine Demütigung. Sie müssen sich bei Firmen vorstellen, mit Berufszweigen, die in keiner Weise den persönlichen Neigungen, Fähigkeiten und Fertigkeiten der Betroffenen entsprechen.

Es gibt sehr viele Vorstellungstermine mit Stempel und Unterschrift der Firmen, um die Terminwahrnehmung für das Jobcenter oder für die BA zu bestätigen und Sanktionen zu vermeiden, obwohl auf beiden Seiten kein Interesse für eine Einstellung besteht.

Die Firmen wissen, dass das Jobcentersystem Unsinn ist. Sie wollen oft keine Mitarbeiter vom Jobcenter und vom BFZ. Der Geschäftsführer eines großen Elektrohandels sagte in einem persönlichen Gespräch zu uns: „Nie wieder Personal vom BFZ oder vom Jobcenter. Eine derartige Belastung kann ich der Firma und den Mitarbeitern nicht zumuten."

Was heißt dies für die Langzeitarbeitslosen, ob mit oder ohne Beruf? Sanktionen, erteilt vom Jobcenter, müssen verboten werden, sie sind rechtswidrig und sittenwidrig. Menschen in Langzeitarbeitslosigkeit oder ohne gelungene Berufsausbildung haben ein Grundrecht auf regelmäßige, geordnete Leistungen zum Lebensunterhalt, ohne jede Kürzung, ohne jeden Abzug in Form von Sanktionen.

Das Grundgesetz sichert jedem Hilfsbedürftigen materielle Voraussetzungen zu, die für seine physische Existenz und für eine minimale Teilhabe am gesellschaftlichen, politischen und kulturellen Leben unerlässlich sind. Das Existenzminimum muss gewährleistet sein.

Jeder Mensch wünscht sich eine sinnvolle Beschäftigung, die es aber nicht gibt. Viele von diesen armen Menschen sind ja beim Jobcenter gelandet, weil die Agentur für Arbeit sie nicht zur Teilhabe am Arbeitsleben vorbereiten und vermitteln konnte.

Gründe hierfür gibt es viele. Es kann das Alter der Betroffenen sein. Für diese Menschen fehlt das Angebot auf dem Arbeitsmarkt, vor allem, wenn sie erfahrene und qualifizierte Fachkräfte sind, einfach überqualifiziert und zu teuer für die Firmen.

Der Fall von Franz ist ein eindeutiges Beispiel, wie fehlgeschaltet die Organisation zwischen Agentur und Jobcenter abläuft. Die Firmenliste mit 60 Firmen, übergeben vom BFZ und der BA, haben wir mit dem Widerspruch gegen die erteilten Sanktionen zum Jobcenter mitgeschickt, auf die Aufgabe des Jobcenters zur Arbeitsvermittlung hingewiesen und darum gebeten, uns aus dieser Liste <u>nur 3 Fir-</u>

men zu nennen, die für eine betriebliche Ausbildung für einen schwerbehinderten jungen Mann in Frage kommen. Natürlich gibt es bis heute, 20.11.2017, keine Antwort.

Liegt es vielleicht daran, dass der Jobcentermitarbeiter nicht denken und auch nicht kritisch sein darf? Sozialkompetenz ist nicht gewollt und soziales Empfinden ist bei den Jobcentermitarbeitern verboten. Sie lassen ihre computergestützten Standardprogramme ablaufen und füttern die Arbeitslosen mit allen möglichen und unmöglichen Qualifizierungsmaßnahmen um die scheinbaren Defizite und Kompetenzmängel zu beseitigen und die Betroffenen für die freien Stellen am Arbeitsmarkt passend zu machen.

Wie alle Rohstoffe bearbeitet und behandelt werden, um Gebrauchs- oder Verbrauchsgüter daraus zu fertigen, kann ja auch die ständig nachwachsende Ware Mensch für den Arbeitsmarkt gefügig gemacht werden.

So einfach ist die Praxis aber nicht. Der Mensch kann nicht einfach in ein Gewinde geschraubt werden, in das er nicht passt. Jeder Mensch hat seine ganz persönliche Biografie, seine eigene, individuelle Kombination von Geist, Gehirn und Psyche. Nicht wenn der Mensch zur Arbeit passend gemacht wird, sondern wenn die Arbeit zum Menschen passt, kann es ein erfolgreiches Miteinander geben, zufriedene, glückliche Menschen und qualitativ gute Arbeitsergebnisse.

Ein erfolgreicher Verkäufer mit 20jähriger Berufserfahrung im Außendienst kann mit einem Grundkurs oder mit einer Umschulung als Kaufmann für Bürokommunikation kein guter Bilanzbuchhalter werden. Es gibt Buchhalter und Nichtbuchhalter. Zu den Nichtbuchhaltern gehören mit Sicherheit Verkäufer aller Branchen. Während der eine nach dem Grundsatz von Wahrheit, Klarheit und Ausschließlichkeit arbeiten muss, wird von einem guten Verkäufer verlangt, dass er geschickt und diplomatisch die Menschen manipuliert, um etwas zu kaufen, das er nicht braucht. Ein Maurer, der es gewohnt ist, im Freien zu arbeiten, um mit seinen Händen Produkte zu erschaffen, kann mit einer Umschulung zum Dreher oder Fräser, der eingeschlossen in einer schlecht belüfteten Fabrikhalle mit Öl-Geruch, vorgefertigte Gegenstände aus Metall oder Kunststoff behandeln muss, nie glücklich sein oder eine gute Fachkraft werden.

So geht es auch einem arbeitslosen Krankenpfleger, der durch Arbeitsbeschaffungsmaßnahmen kein glücklicher Sicherheitsbeamter bei der BA oder beim Jobcenter wird!

In der Regel wählen die Menschen ihre Berufe nach ihren ganz persönlichen Vorstellungen und Gefühlen, Fähigkeiten und Fertigkeiten. Es kann kein Mensch zu einer Aufgabe gezwungen werden, zu der er keinen persönlichen Bezug herstellen kann.

Es würde den Rahmen dieses Buches sprengen, jetzt von den Massenbeschäftigungen an Fließbän-

dern in der Industrie, Akkordarbeit auf Schlachthö-
fen, Erntehelfern usw. zu reden. Einen Vorgang,
mehr als 20 Jahre sind seitdem vergangen, möchte
ich aber erzählen. Während meiner Beschäftigung
als Prokuristin in einem großen Entsorgungsbetrieb
kommt eines Tages der Hofmeister zu mir und sagt,
dass es an der Müllsortieranlage Probleme mit einem Freigänger aus dem Gefängnis gibt. Ich bat
darum, mit dem Mann in mein Büro zu kommen.
So geschah es. Der Hofmeister setzte sich auf einen
Stuhl, der Mann, klein, mager mit Pickeln im Ge-
sicht, blieb an der Tür stehen und schaute mich wie
ein geschlagener Hund mit seinen traurigen Augen
an. Ich stehe auf und begrüße den Mann mit Hand-
schlag, wie ich das generell mache. Was geschieht?
Der Mann beginnt zu weinen und sagt: „Bin ich
doch noch ein Mensch?"

Fast 30 Jahre sind seitdem vergangen. Wenn ich
heute Franz zum Jobcenter begleite und die vielen
Menschen im Wartebereich sehe, traurig, zornig,
niedergeschlagen, sehe ich diesen Mann in dem
Entsorgungsbetrieb vor mir. Alle Betroffenen, wartend auf bessere Zeiten, wartend auf humane Behandlung, können fragen: „Sind wir doch noch
Menschen?"

Das ganze System der Massenverwaltung von Menschen, die aus unterschiedlichen Gründen abge-
hängt wurden, von der Teilnahme am Arbeitsleben
ausgegrenzt sind, ist gescheitert. Der Verwaltungsmoloch der BA, Jobcenter, Bildungseinrichtungen,

Jugendwohnheime, caritativen Einrichtungen und zuständige kommunale Stellen, ist derart unübersichtlich und kompliziert bezüglich Kompetenz und Verantwortung, dass er nicht funktionieren kann! Der einzelne Mensch findet sich in diesem Verwaltungs-Irrgarten nicht mehr zurecht und muss verzweifeln.

Die caritativen Einrichtungen mit Behindertenwerkstätten, betreutem Wohnen usw. bieten mit Sicherheit für die Betroffenen, ausschließlich Mehrfachbehinderte, eine gute Alternative zu den überforderten Familien. Diese Gruppe Menschen wird gut versorgt und ist pflegeleicht. Die finanzielle Betreuung wird vom Staat gut honoriert.

Das Geld fließt in großen Summen auf der oberen Ebene von einer Institution zur anderen, vorbei an den Betroffenen, die nichts davon verstehen, dass sie die Ware im großen Spiel sind.

Bei den Empfängern von Arbeitslosengeld II kann man sogar sagen, dass die Betroffenen, wenn ihnen Sanktionen von dem Jobcenter auferlegt werden, den Geldfluss auf oberer Ebene mit den einbehaltenen „Leistungen zum Lebensunterhalt" noch mitfinanzieren.

„Deutschland geht es gut, wir haben wenig Arbeitslose und einen guten Sozialstaat." Nein, haben wir nicht! Die Unterschicht wächst ständig. Es gibt immer mehr Empfänger von Arbeitslosengeld II, immer mehr Obdachlose, immer mehr Menschen, die ihre Miete nicht mehr bezahlen können, ihre

Schulden anhäufen und die eingehende Post von den Gerichten nicht mehr öffnen.

Wir haben aber Medien und Politiker, die sich intensiv bemühen, die Menschen möglichst dumm zu halten mit Falschinformationen und beschönigten Statistiken und Berichten, um die wahre Situation der Masse der Bevölkerung nicht zugänglich zu machen.

Parallel zur regelmäßig veröffentlichten Arbeitslosenstatistik müsste der Öffentlichkeit auch die Information gegeben werden, wie viele Menschen von den Beziehern von Arbeitslosengeld I und II in oft unsinnigen Arbeitsbeschaffungsmaßnahmen, Weiterbildungsmaßnahmen und Schulungen untergebracht sind und nicht in der offiziellen Statistik erscheinen. Wie viele von diesen Menschen sind von Obdachlosigkeit betroffen, oft auch, weil das Jobcenter die Mietkosten nicht übernimmt. Zu beachten ist hierbei, dass bei den einzelnen Jobcentern die Mietobergrenze unterschiedlich festgelegt wird. Ist dies rechtlich in Ordnung? Es ist eine eindeutige Benachteiligung aufgrund des Wohnorts.

Die katastrophale Situation auf dem Wohnungsmarkt ist ein anderes Thema, das nur indirekt mit dem Jobcenter im Zusammenhang steht. Hier stark betroffen sind neben Jobcenter-Kunden auch Studenten, in einer Berufsausbildung stehende Personen, sowie alle Wohnungssuchenden mit geringem Einkommen und alleinerziehende Mütter oder Väter.

Wir bleiben noch bei dem Jobcenter mit Arbeitslosigkeit und den umfangreichen Arbeitsbeschaffungsmaßnahmen. Ein Kapitel aus meinem Buch, Oktober 2004, „Chaos in Germany", zeigt deutlich, dass die Situation bis heute nicht besser geworden ist, nur intensiver seitens der Politik ausgegrenzt wird.

Arbeitslosigkeit

Das Thema Arbeitslosigkeit ist ein Steckenpferd vieler Politiker. Hiermit können sie die Menschen am besten erreichen und belügen. Doch jeder weiß, die Politiker alleine können nur wenig bewirken. Die Arbeitslosigkeit ist ein breites Gebiet mit vielen, sehr vielen unterschiedlich Betroffenen. Ich möchte hier nur von den gesundheitlich leistungsfähigen Menschen reden.

Die ungenügende Qualifikation aufgrund mangelnder Schul- und Berufsausbildung ist ein Bereich und erfasst einen großen Teil dieser arbeitsfähigen, aber schwer vermittelbaren Arbeitslosen. Meine Kritik gilt vor allem der schlechten oder fehlenden Berufsausbildung. Jeder Mensch ist geboren, um tätig zu sein. Mit der Tätigkeit entfalten sich Fähigkeiten und entstehen Fertigkeiten, wie auch immer sie gelagert sein mögen. Nur wenn die Fähigkeiten erkannt und die Fertigkeiten geschult werden, entwickeln sich verantwortungsvolle, selbstbewusste, arbeitsfreudige und arbeitswillige Menschen.

Was geschieht aber wirklich im Bereich der Berufsausbildung?

Seit Jahren ist mit Erschrecken festzustellen, dass die Betriebe immer weniger junge Menschen ausbilden oder die Lehrlinge nach der Ausbildung nicht in ein festes Arbeitsverhält-

44

nis übernehmen. Die Politiker aller Parteien schweigen, wenigstens öffentlich, zu der fehlenden Ausbildungsbereitschaft in den Betrieben. Vor allem in Kleinbetrieben und im Mittelstand fast aller Branchen gibt es immer weniger Ausbilder oder es fehlt bei vielen Verantwortlichen die Lust und Motivation, sich um den anstrengenden Bereich der Ausbildung junger Menschen zu kümmern. Das ständige Geschrei der Betriebe nach Fachkräften ist wirklich absurd. Die Facharbeiter fehlen nun mal, wenn die Betriebe sie nicht selbst ausbilden!

Auch wenn manchmal Probleme auftreten aufgrund der mangelnden Anpassungsbereitschaft hinsichtlich Umzug, Arbeitszeit und Entlohnung, sind Bund und Länder gefragt und gefordert, mit Ehrlichkeit zu handeln. Sie dürfen keine Subventionen oder Fördermittel an Betriebe geben, die nicht selbst ausbilden. Aus dem Recht auf Ausbildung für Schulabgänger muss für Politik und Wirtschaft die Pflicht zur Ausbildung entstehen.

Eine Ausbildungsabgabe nach dem Vorbild der Schwerbeschädigtenabgabe wäre nichts anderes als ein Freikaufen aus der Verantwortung gegenüber den jungen Menschen. Der Geldtransfer aus den betroffenen Betrieben in die Staatskasse wäre mit sehr viel Verwaltungsaufwand verbunden und würde durch Gewinnreduzierung in den Betrieben auch die Steuereinnahmen mindern. Diese Lösung kann für die jungen Menschen das Recht auf Würde und freie Entfaltung der Persönlichkeit nicht sichern. Wer in jungen Jahren nicht werden kann, was für die Zukunft Werte bewirkt, bleibt ein Verlierer sein Leben lang.

Es gibt auch andere extreme Situationen. Junge Menschen brechen nach der Null-Bock-Methode die erste, zweite und auch dritte Lehre ab und bekommen dann Geld vom Arbeitsamt oder Sozialamt. Diese Jugendlichen müssten mehr in die Verantwortung genommen werden. Aber nicht nach dem Motto: „Alles halb so schlimm, der Staat hat die Patentlösung, ABM – Arbeitsbeschaffungsmaßnahmen und Aus- und Weiterbildungen." Wie die Pilze im Wald sind die Maßnahmenträger für Aus- und Weiterbildung aus dem Boden geschossen. Selbst für die Industrie- und Handelskammern wurden diese Schulsysteme der ABM zum lukrativen Geschäft. Warum auch nicht? Es gibt ja Kopfgeld pro Schüler vom Arbeitsamt. Die Qualität der Ausbildung spielt dabei keine Rolle. Wie soll das auch möglich sein bei der Zusammensetzung der Schüler mit vollkommen unterschiedlichen Voraussetzungen? In einer Klasse zusammengewürfelt treffen sich zum Beispiel ehemalige Melker, Näherinnen, Schlosser und Berufsanfänger um im Schnellverfahren qualifizierte Industriekaufleute zu werden. Industriekaufmann heißt, Wissen erwerben in Materialwirtschaft, Produktionsabläufen, Büro- und Betriebsorganisation, Personalwesen, Rechnungswesen, Werbung und Vertrieb. Dieses umfangreiche Wissen soll von den armen, total überforderten Schülern erfasst und verarbeitet werden in einem Klassenraum, ohne je einen Industriebetrieb gesehen zu haben oder die Möglichkeit zu bekommen, ein Praktikum in einem Betrieb mit Produktion und Materialwirtschaft zu absolvieren. Für die meisten Schüler ein Dilemma. Sie sollen aber die Prüfung bestehen und eine Berufschance bekommen, vielleicht auch nur die Erfolgsquoten der Ausbildungsträger schönen.

Ein Prüfling, der so gut wie nichts von den Abläufen im Betrieb erklären konnte, wurde nach Themen aus dem vorliegenden Berichtsheft gefragt. Er konnte die Fragen nicht beantworten. Der Prüfer fragte: „Warum können Sie mir nicht einmal wiedergeben und erläutern, was Sie selbst geschrieben haben?" Die Antwort des Prüflings war schlicht und einfach erschütternd. Er sagte: „Ja wissen Sie, unsere Lehrer diktieren uns den Text für die Berichtshefte."

Das nennen wir in Deutschland qualifizierte Aus- und Weiterbildung, finanziert von Steuergeldern! Die Konkurrenz unter den gut bezahlten Maßnahmenträgern ist so groß, dass die Teilnehmer gezielt für die Prüfung gedrillt werden, um hohe Abschlussquoten zu erreichen. Die tatsächliche Wissensvermittlung für die Erreichung guter Berufschancen ist nebensächlich. Wenn die Absolventen keinen Job finden, werden sie in neue ABM gesteckt. Nur in der Arbeitslosenstatistik dürfen sie nicht erscheinen.

Einer der Prüfer bei der IHK, ein Lehrer bei einem Maßnahmenträger für Erwachsenenbildung, war in den ersten Jahren seiner Tätigkeit in Ostdeutschland motiviert und in den Jahren 1993 bis 1995 den ABM gegenüber positiv eingestellt. Während eines neuen Prüfungstermin sagte er zu mir: „Ich gehe wieder nach Westdeutschland. Ich kann es nicht mehr ertragen, dass jetzt zum zweiten und dritten Mal dieselben Frauen vor mir sitzen, inzwischen ihre Handarbeiten mitbringen und nicht mehr lernen wollen, weil sie wissen, es hat keinen Sinn, Arbeit bekommen sie doch nicht mehr."

Die Schule ist für diese Frauen das kleinere Übel, besser als Frust und Langeweile zu Hause ertragen.

In einer anderen ABM hatten ehemalige Mitarbeiter, Ingenieure und Facharbeiter eines großen, stillgelegten Industriebetriebes die Aufgabe, Fenster und Türen des Fabrikgebäudes mit Brettern zu vernageln, um es vor Einbruch und Vandalismus zu schützen. Als sie endlich fertig waren, kamen ein paar Tage später die Baggerfahrer eines Baubetriebes und rissen das ganze Gebäude ab. Warum auch nicht? Die neuen Bagger, bestimmt mit Fördergeldern angeschafft, müssen ja auch in Betrieb sein.

Ein weiteres unsinniges Projekt ist die Umschulung von Frauen aus den stillgelegten landwirtschaftlichen Produktionsbetrieben zu Floristinnen. Sicher ein schöner Beruf, finanziert von Steuergeldern, aber eine Fehlentscheidung für arbeitslose Frauen in einer ländlichen Gegend mit eigenen schönen Blumengärten. Nur in absoluten Ausnahmefällen können sie mit dieser Ausbildung später einmal Geld verdienen. Doch mit Blumen kann man die Sinne betäuben.

Dies ist ja auch die Hauptaufgabe der vielen Arbeitsbeschaffungsmaßnahmen. Die Menschen betäuben und ruhigstellen, die Arbeitslosenstatistik bereinigen und beschönigen, um von der tatsächlichen Situation auf dem Arbeitsmarkt abzulenken.

Bestimmt gibt es unter den Teilnehmern an den ABM eine große Anzahl Menschen, die mit dieser Beschäftigungstherapie zufrieden sind. Für sie ist keine andere Möglichkeit, sich sinnvoll zu beschäftigen, erkennbar. Bei dieser Arbeit müssen sie nicht denken und keine Verantwortung für sich selbst übernehmen. Es ist ja auch eine anstrengende Aufgabe, sich ständig neu zu motivieren und zu orientieren, wenn man plötzlich aus dem Massenbeschäftigungstrott herausfällt und *das eigenen Leben nicht mehr dem Ablauf der Uhr folgt. Dies betrifft vor allem die älteren Arbeitnehmer, je nach Qualifikation bereits ab vierzig Jahren aufwärts. Sie werden trotz mehrfacher Arbeitsbeschaffungsmaßnahmen nie wieder eine Chance haben, in die hoch technisierte Arbeitswelt eingegliedert zu werden. Betroffene sind Arbeiter, Facharbeiter, Ingenieure und Kaufleute aus den großen volkseigenen Unternehmen aller Branchen im Osten, die mit fleißiger Unterstützung der Treuhandgesellschaft stillgelegt oder bewusst platt gemacht wurden.*

Auf der nächsten Seite sehen Sie eine Liste der IG Metall Dresden aus dem Jahr 1992. Es war ein Aufruf für eine Kundgebung nach dem Motto, wir rufen auf:

° Alle, die arbeitslos sind und sich nicht damit abfinden wollen

° Alle, die in AB-Maßnahmen sind und wieder eine „richtige" Arbeit wollen

°Alle, die nicht wollen, dass hier ein Niedriglohnland entstehen soll

° Alle, die unter überhöhte Miete leiden.

° Alle, die einen guten und zukunftsträchtigen Ausbildungsplatz brauchen

° Alle, die hier eine Zukunft für ihre Kinder wollen

° Alle, denen es reicht, nur Geschichten über den Aufschwung Ost zu hören und die es satthaben, tatenlos zuzuschauen, wie alles in die Brüche geht

Dieser Aufruf gilt heute für ganz Deutschland.

Im Gedenken an verstorbene Betriebe
und vernichtete Arbeitsplätze

Betrieb	Arbeitsplätze 1989	Arbeitsplätze 1992
Pentacon GmbH	5115	†
KBA Planeta Radebeul	5500	1250
Elektromat GmbH	4011	†
Pactec GmbH (Nagema)	3084	680
Robotron Telecom Radeberg	3900	†
Mikroelektronik und Technologie GmbH (ZMD)	3507	500
VEM Sachsenwerk	3000	1069
Mähdrescherwerk Bischofswerda	3795	†
Robotron Erika	1400	†
LTA Dresden	1400	303
SEM (TUR)	3510	900
Meßelektronik GmbH	3466	259
Comped (CED)	2500	600
Flugzeugwerft Dresden	2400	540
ABB Energiebau	2300	1100
Hochvakuum Dresden	2053	†
Regler- und Schaltgeräte Dresden	1950	†
MIKROMAT (Haaf)	1817	307
VEM Hermetikmotoren	1250	268
Nähmaschinenteilewerk GmbH	1200	153
SAD (AEG)	1100	961
Karosseriewerk Radeberg	1157	413
Sächsischer Bühnen- und Stahlbau	1025	278
Robotron Projekt	1000	125
Medizin- und Laboranlagen GmbH	884	300
Eisenhammerwerk	866	150
Gastro-Gerätebau	820	215
Mühlenbau Dresden (Wirth)	819	149
DRIS	775	210
Bat Blocher GmbH (Elmo)	740	350
VEM Antriebstechnik FEZ	726	†
Kraftwerks- und Anlagenbau	700	250
Systemantriebe	695	275
IFA-Vertrieb	697	†
Rapido Radebeul	652	300
Strömungsmaschinen GmbH	650	295
ASCOTEC Anlagenbau	644	210
FUBA Leiterplattenwerk	625	460
Siemens Private Kommunikationssysteme	500	312
Elektronik GmbH Dresden	500	†
Schleifmittelwerk	500	170
KOSORA GmbH	428	149
	73.661	13.501

Von den 42 Betrieben sind seit 1989 60 160 Arbeitsplätze vernichtet worden.

- Wir haben zugeschaut und nichts getan.
- Die Bundesregierung – Helmut Kohl · Wir wolltens so.
- Die Treuhandanstalt – Birgit Breuel

Wenn tatsächlich Interessenten für die Übernahme eines Betriebes vorhanden waren, scheiterte der Kauf zum Schluss am Kompetenzgerangel zwischen den einzelnen Abteilungen der Treuhandanstalt. Vielleicht scheiterte es auch oft nur daran, dass bei mittelständischen Betrieben nicht genug Schmiergeld hin und her geschoben werden konnte?!

Wer ein wenig in der geschichtlichen Entwicklung unserer Gesellschaft blättert, wird schnell feststellen, dass es immer und immer wieder Perioden gegeben hat mit fatalen Auswirkungen für große Menschengruppen. Ganze Berufsgruppen und Arbeiterklassen wurden und werden wegrationalisiert, weil sie einfach nicht mehr gebraucht werden. Leider trifft es am härtesten immer die unterste Schicht der Gesellschaft, die nicht qualifizierten, oder für neu aufkommende Berufe zu alten Menschen.

Welcher Politiker hat den Mut, dies öffentlich zu sagen? Bei den täglichen Horrormeldungen über Massenentlassungen von jungen, hochqualifizierten Menschen wird sich kaum ein Politiker oder Wirtschaftsmanager hinstellen und sagen: „Liebe Leute, ich bedauere es sehr und es tut mir fürchterlich leid, aber ihr bekommt nie wieder Arbeit.“ Vier- bis fünf Millionen Arbeitslose wird es geben bis vielleicht in den kommenden zehn Jahren eine neue Situation am Arbeitsmarkt entsteht.

Einer war ehrlich. Ein Bürgermeister einer Kleinstadt in der Nähe von Leipzig sagte klar und deutlich: „Wer spricht denn heute noch von Arbeitsplätzen?“ Es ging um seine Ablehnung eines Antrags für die Umwandlung von nicht mehr genutzter landwirtschaftlicher Fläche als Betriebsgelände für ein Bauunternehmen. Fünfzig neue Arbeitsplätze sollten geschaffen werden. Doch das ist für Menschen dieser Art nicht so wichtig. Nur der Beweis der politischen Macht zählt.

Ein pauschales, dummes Geschwätz ist die Aussage: „Jeder kann Arbeit finden, wenn er will." Wer mit offenen Augen durch Stadt und Land geht, vor allem in Ostdeutschland, sieht den Menschen die Enttäuschung, Verbitterung und Resignation an. Die Sorgen sind Ihnen in die Gesichter geschrieben. Bei einem Gespräch hierüber, mit zwei Mitarbeiterinnen des Arbeitsamtes in einer Kleinstadt in der Nähe von Dresden, sprang eine der Sachbearbeiterinnen auf, lief zum Fenster und sagte: „Da, schauen Sie her, drüben in den Häusern wohnen die ehemaligen Arbeiter der hiesigen Großindustrie. Der Betrieb wurde von der Treuhand abgewickelt. Zweitausend Menschen arbeitslos, 80% davon Hilfsarbeiter ohne jede Zukunftschance. Viele von Ihnen sitzen jeden Morgen bei uns vor der Tür und sagen: „wir gehen erst wieder fort, wenn wir Arbeit haben." Ich kann sie aber nicht vermitteln, ich brauche sie nicht, ich brauche Facharbeiter, aber die gibt es nicht. Für die Hilfsarbeiter ist eine Umschulung oder Weiterbildung aussichtslos. Sie sind meistens älter als vierzig Jahre und haben in ihrem Leben nie selbst entscheiden müssen. Da drüben in den Zwei- und Dreizimmerwohnungen sitzen sie vor ihren Bierflaschen, Vater, Mutter und zwei bis drei Kinder, Jugendliche, auch ohne Arbeit und ohne Geld. Die Wohnungen sind einfach ausgestattet, ohne Zentralheizung, die gemeinsamen Toiletten je Hauseingang sind manchmal nur in jedem zweiten Stockwerk. Sagen Sie mir bitte, wie sollen diese Menschen noch freundlich lächeln? Früher gingen sie morgens gemeinsam zur Arbeit, der Betrieb war das eigentliche Zuhause.

Alle persönlichen Dinge wie Krankheit, Urlaubsplanung, Kindergarten, Essen und viele andere Aufgaben wurden im Betrieb geregelt. Früher konnten sie abends und an den Wochenenden leben, heute versuchen sie nicht einmal mehr zu überleben."

In einem großen Drahtwarenwerk standen die Frauen jahrelang an den Drahtwickelautomaten. Maschinen stoppen, Drahtrollen abnehmen, Maschinen wieder einschalten, Drahtrollen wickeln lassen, wieder stoppen, tagein, tagaus. Sie wohnen in den Dörfern in der Nähe des stillgelegten Betriebes, ohne Führerschein, ohne Auto, alle fast 50 Jahre alt oder auch schon älter. Wie sollen diese Frauen Arbeit finden, was sollen sie arbeiten, wenn in der Stadt in der Nähe bereits über zwanzig Prozent der Menschen ohne Arbeit sind?

Ein anderer großer Bereich ist auch zu nennen, nämlich die vielen arbeitslosen Mitarbeiter der ehemaligen großen landwirtschaftlichen Produktionsgenossenschaften mit den Melkern, Tierpflegern, Landarbeitern, Agraringenieuren und vielen anderen Fachberufen für die Landwirtschaft. Wo sollen sie Arbeit finden, wenn es selbst für einen Hilfsarbeiterjob absolut keine Substanz an Betrieben in diesen Gegenden gibt?

Eine junge Frau erzählte mir, dass ihr Bruder sich mit 38 Jahren erhängt hat. Er war Facharbeiter in einer dieser großen landwirtschaftlichen Produktionsgenossenschaften in Mecklenburg-Vorpommern. Nach der Wende versuchte er fünf Jahre lang, einen neuen Job zu finden, erfolglos. Im Laufe der Jahre stiegen beim ihm die Resignation und der

Alkohohlverbrauch, es schwanden die Hoffnung und der Lebensmut bis hin zum Selbstmord.

Diese Vorgänge stehen als Beispiel für viele, sehr viele ähnliche Situationen, die in Ostdeutschland gehäuft auftreten. Die Menschen resignieren und werden psychisch krank.

Vielleicht sollten mindestens als Ergänzung zur Arbeitslosenstatistik auch die Menschen erwähnt werden, die aufgrund der ausweglosen Situation krank wurden oder sogar Selbstmord begingen. Doch die zählen ja nicht mehr, die Statistiken können von diesen ehemaligen Arbeitslosen bereinigt werden. Viele Statistiken zeigen nur die halbe Wahrheit, die Arbeitslosenstatistik mit Sicherheit auch.

Hinzu kommen die nicht zu übersehenden Probleme in den zwischenmenschlichen Beziehungen. Vor allem auf den Dörfern gab es die schlimme Situation, dass sich ehemalige Freunde und gute Kollegen mieden und beim Einkaufen aus dem Weg gingen, wenn einer noch Arbeit hatte und der andere arbeitslos war.

Eine nur wenig erfolgreiche und nicht sinnvolle, aber für den Steuerzahler sehr teure Umschulungsmaßnahme der Arbeitsämter ist die Ausbildung als Anwendungsprogrammierer. Regelmäßig gibt es von den Großbetrieben Meldungen über Massenentlassungen, auch von qualifizierten, mit den Betriebsabläufen vertrauten Mitarbeitern. Hierunter auch viele Mitarbeiter mit Hochschulabschluss oder Abitur, mit den Voraussetzungen für den anspruchsvollen Beruf des Anwendungsprogrammierers. In dieser Situation mit genug Fachkräften auf dem Arbeitsmarkt fördert der Staat, zahlt das Arbeitsamt, kassieren die Ausbildungsinstitute für die Umschulung von arbeitslosen Hilfsarbeitern, Handwerkern

54

und anderen artfremden Berufen zu Programmierern. Diesen Menschen wird die Hoffnung vorgegaukelt, dass sie nach zwei Jahren hartem, aber fast nur theoretischem Lernen, eine gute Berufschance haben.

Personalchefs von großen Unternehmen sagen ganz klar und deutlich, wir können diese Leute nicht einsetzen, wir holen unsere Informatiker und Programmierer von den Universitäten oder bilden sie saus, damit sie in das komplizierte Netzwerk der Betriebsorganisation hineinwachsen.

Das ist auch vollkommen verständlich. Nach Jahren des allgemeineinen Überflusses ist es jetzt bei den allerorts stattfindenden Konsolidierungen besonders wichtig, oder endlich wieder wichtig, in Organisation und Verwaltung Personal zu haben, das mit den Betriebsabläufen und den vielen abteilungsübergreifenden Arbeitsabläufen vertraut ist. Ein Anwendungsprogrammierer muss über fundierte kaufmännische, betriebswirtschaftliche und organisatorische Kenntnisse verfügen um gute Arbeit zu leisten. Diese Voraussetzung können die Umschüler nicht haben. Vielleicht bekommt der eine oder andere Absolvent dieser Umschulungen durch Glück oder Beziehungen eine entsprechende Anstellung. Bestimmt kann er aber nur in Teamarbeit beschäftigt werden und Aufgaben nach Anweisung der qualifizierten Kollegen erledigen. Welche Unternehmer können und wollen sich diesen Aufwand leisten?

Die angebotenen, für die Steuerzahler sehr kostspieligen Umschulungsprogramme der Arbeitsämter sind in vielen Fällen fragwürdig und scheinen vor allem der Arbeitslosenstatistik und den Ausbildungsstätten zu nutzen.

Nicht unerhebliche Dunkelziffern gibt es bei den Scheinbeschäftigten oder, besser gesagt, bei den Quasiarbeitslosen. Es sind die vielen Menschen, die täglich zur Arbeit gehen, obwohl sie bereits mehrere Monate kein Gehalt oder Lohn bekommen haben, bis endlich von der Geschäftsführung der Insolvenzantrag gestellt wird. Einfach unglaublich!

Ich kann es mir wirklich nicht vorstellen, wie diese Menschen ihren Lebensunterhalt, Wohnung, Auto und dergleichen finanzieren. Es ist ein Phänomen, mit welcher erstaunlichen Gutgläubigkeit und Hoffnung die Mitarbeiter Tag für Tag in ein längst totes Unternehmen gehen und sich von den verantwortlichen Managern die Märchen anhören. Allerdings ist es sehr oft so, dass auch die Geschäftsführer an Wunder glauben, vor allem, wenn sie aus dem technischen Bereich kommen, die fundierten Kenntnisse für kaufmännische Organisation und Finanzwesen fehlen und externe Beratungen mangelhaft sind.

Vielleicht ist es den Politikern und verantwortlichen Behörden auch recht, wenn diese Menschen möglichst lange in den Arbeitslosenstatistiken fehlen. Jedenfalls ist es kaum zu erklären, warum die zuständigen Ämter und Behörden zuschauen und nicht tätig werden, obwohl mehrere Monate keine Steuern, Beiträge und Versicherungen abgeführt wurden.

Eine große Mitschuld für die chaotischen Situationen bei den insolvenzgefährdeten Betrieben tragen die Banken, Finanzämter, Krankenkassen, Steuerberater und vor allem die Politik.“

Dies ist ein Kapitel aus meinem Buch „Chaos in Germany“, geschrieben 2004, recherchiert und hautnah miterlebt während meiner Arbeit in Ostdeutschland 1991 bis 2002. Es geht jetzt das Jahr 2017 zu Ende und es gibt kein Anzeichen einer Verbesserung in unserem Sozialstaat, nur eine Zunahme der Armut.

Es war für mich eine aufschlussreiche und interessante Zeit; vor allem die Arbeit hautnah mit den Menschen aus vielen Gesellschaftsschichten und unterschiedlichen Branchen.

Es ist müßig zu sagen, nach der Wende wurde von der Verwaltung, Wirtschaft und Politik vieles falsch gemacht in Bezug auf eine humane Betreuung und Verwaltung der Menschen und Neugestaltung des gesellschaftlichen Miteinanders. Die Frage ist aber, welche Lösungen und Verbesserungen könnte es aus sozialpolitischer Sicht geben?

Auflösung der Agentur für Arbeit

Immer wieder hört und liest man: „Die Bundeagentur für Arbeit muss aufgelöst werden". Die Agentur für Arbeit ist aber der größte Arbeitgeber in Deutschland. Wie soll die Auflösung organisatorisch durchgeführt werden? Außerdem ergibt sich die Frage: „Was geschieht mit den vielen neuen Arbeitslosen, den Mitarbeitern der Agentur"? Es wird schwierig sein, diese Menschen mit eingeengten und festgefahrenen Arbeitsmethoden und programmierter Denkweise auf dem freien Arbeitsmarkt unterzubringen.

Die Auflösung der Agentur für Arbeit und des Jobcenters würde eine grundlegende Veränderung und Neugestaltung der gesellschaftlichen Organisation erfordern, die einige Zeit in Anspruch nehmen würde.

Für die derzeitige Situation wäre für die jetzt Betreuten und Betroffenen eine schnelle Veränderung, bzw. Verbesserung der internen Abläufe wichtig und hilfreich.

Die Aufbauorganisation mit den vielen guten Angeboten für Arbeitsvermittlung, Umschulung, Ausbildung usw. ist ja grundsätzlich nicht schlecht. Bei der Umsetzung der Maßnahmen, d.h. bei der Ablauforganisation gibt es wesentliche Mängel. Besonders zu rügen ist, wenn betroffene Personen mit ihren unterschiedlichen Problemen und Fragen von mehreren Mitarbeitern der Agentur und des Jobcenters betreut und beraten werden. Die verschiedenen Fragen betreffen Probleme bei der Arbeitsvermittlung, Weiterbildung, Leistungen für den Lebensunterhalt, Ausbildungsbeihilfen, Wohnung und andere, darunter auch die von den Agentur- und Jobcentermitarbeitern über alles geliebten Sanktionen.

Bei schriftlichen Anfragen oder Reklamationen bekommt der Betroffene Antworten von unterschiedlichen Personen, oft sogar ohne direkten Bezug zu den klar und deutlich gestellten Fragen. Wer jetzt versucht anzurufen, muss gute Nerven haben. Nach langer Wartezeit am Telefon meldet sich das Servicecenter. Es ist ratsam, bei diesen Telefonaten immer die persönliche Artikelnummer für die Ware Mensch griffbereit zu haben, nach Möglichkeit auch einen gut einstudierten Spruch zur Darstellung des Anliegens.

Die Servicemitarbeiterin prüft die Daten und den Vorgang und stellt fest, dass die schriftliche Anfrage noch nicht bearbeitet und eingescannt wurde und sagt: „Der Rückruf erfolgt in zwei Tagen". Diese Prozedur wiederholt sich zwei Monate lang. Keine Rückrufe, keine Antwort auf schriftliche Anfragen!

So geht es nicht, das ist menschenunwürdig!

Es ist absolut und bedingungslos notwendig, dass für jede betroffene Person, egal ob betreut von der Agentur oder vom Jobcenter, für alle Belange nur ein Ansprechpartner zuständig ist, der im Notfall auch telefonisch erreicht werden kann, mindestens durch Rückruf am gleichen Tag.

Warum funktioniert die direkte Betreuung für in Not geratene Menschen nicht? Wie kann es sein, dass eine Beraterin in einer Leistungsabteilung sagt: „Für Sanktionen bin ich nicht zuständig. Ich kann nichts dazu sagen," aber gleichzeitig die Sanktionen neu berechnet und den Auszahlungsbetrag reduziert?

Vielleicht liegt es daran, dass aufgrund der standardisierten Computerabwicklung die Zusammenhänge der Vorgänge für eine Person von den Sachbearbeitern nicht mehr durchschaut werden.

Warum? Antworten können sein: schlechte Ablauforgansation, geringe Qualifikation der Mitarbeiter, zu wenig Mitarbeiter mit den entsprechenden Fähigkeiten und Fertigkeiten, die infrage kommenden Beratungs- und Unterstützungsmaßnahmen für einen Lohnarbeitslosen oder einen anderseits Unterstützungsbedürftigen zu koordinieren.

Die lange Wartezeit bei der Bearbeitung der Anträge für die Unterstützung bis zur Erteilung des Bescheids von grundsätzlich 6 Wochen, und doppelt so lange bei fehlenden Formularen oder Angaben, ist bei der Agentur und dem Jobcenter ein hausgemachtes Übel. In jeder guten Organisation gilt der Grundsatz: „Jeden Beleg nur einmal in die Hand nehmen". Es ist eine vollkommen falsche Denkweise und eine enorme Zeitverschwendung, wenn Anträge erfasst werden und dann für die Bearbeitung erst einmal wochenlang irgendwo im Regal oder in der Schublade verschwinden. Sofort nach der Erfassung bearbeiten, fehlende Unterlagen anfordern oder einen Leistungsbescheid erstellen, würde den Menschen, Lebewesen aus Fleisch und Blut, mit Herz und Seele, viel Kummer und Sorgen ersparen. Frust, Depressionen und Angriffe auf Agentur- und Jobcentermitarbeiter blieben aus. Eine sinnvolle, erfolgreiche Zusammenarbeit mit gegenseitiger Achtung könnte das Ergebnis sein.

Mit der sofortigen Bearbeitung entsteht nicht mehr, sondern weniger Arbeit, aber mehr Menschlichkeit!

Die jetzigen Strukturen in den Ämtern sind aber so verkrustet und festgefahren, dass von innen heraus eine Neuorganisation nicht zu erwarten und mit dem vorhandenen Personal auch nicht zu schaffen ist. Die Umstellung auf einen anderen Arbeitsrhythmus erfordert neu Ideen und Organisationstalent.

Was ist also zu tun? Doch Auflösung der Agentur und des Jobcenters und gleichzeitig das Beamtentum abschaffen?

Eine gute Hilfe zur Abschaffung der Schieflage in dem Verwaltungsmoloch Agentur für Arbeit und Jobcenter könnte darin bestehen, dass die Politik endlich zu der sozialen Wirklichkeit steht und nicht weiterhin die Bürger für dumm hält mit falschen Informationen über Arbeitslosigkeit und Armut in Deutschland.

Die Einführung einer Grundsicherung ist überfällig!

Grundeinkommen/Grundsicherung

Jeder Bürger muss die Mittel bekommen, die eine Teilhabe am gesellschaftlichen, politischen und kulturellen Leben gewährleisten.

Von der Politik wird die Armut in Deutschland ignoriert und verharmlost. Die Steuergesetze begünstigen die Reichen. Sie werden immer reicher und die Zahl der Armen und in Zukunft von Armut Betroffenen steigt immer mehr. Eine bessere Umverteilung von Reichtum ist unerlässlich, denn Armut wird gesellschaftlich erzeugt aufgrund der Macht- und Herrschaftsverhältnisse.

Betroffen sind alle Arbeitslosengeld II-Bezieher, viele Menschen, die sich wegen der Angst vor gesellschaftlicher Ausgrenzung schämen, Unterstützung zu beantragen, Jugendliche ohne Ausbildung, alleinerziehende Mütter und Väter, körperlich gehandicapte Menschen ohne geistige Behinderung, Beschäftigte in schwierigen, befristeten Arbeitsverhältnissen und Beschäftigte im Niedriglohnbereich. Es gibt in Deutschland ca. 13 Millionen Menschen, die von Armut direkt betroffen oder bedroht sind.

Die Einführung einer Grundsicherung, ganz gleich, in welcher Form, ist für die Zukunft unerlässlich. Sie würde für die Betroffenen und für die gesamte Gesellschaft mehr Freiheit, Zufriedenheit und Lebensqualität bringen. Vielleicht würde sie sogar psychische Behandlungen vermindern und eine Reduzierung der psychosomatischen Kliniken zur Folge haben. Weniger Kranktage und Krankheitskosten sind auch denkbar. Alles in allem wäre die Einführung einer Grundsicherung oder eines Grundeinkommens eine positive Entwicklung für alle Beteiligten. Eine wesentliche Voraussetzung darf jedoch nicht übersehen werden: die Umverteilung des Reichtums mit einer generellen Veränderung oder Neugestaltung der vorhandenen gesellschaftlichen Ordnung und Organisation.

Die Mitarbeiter der Agentur und des Jobcenters bekommen neue Aufgaben. Sie müssen umgeschult und qualifiziert werden, damit sie in der Lage sind, sich als Dienstleister mit hoher Sozialkompetenz zu sehen, um der Gesellschaft zu dienen und nicht mehr zu tyrannisieren.

Ein Grundeinkommen ist auch abhängig von verschiedenen persönlichen Faktoren, die erfasst und beurteilt werden müssen. Sanktionen darf es aber nicht mehr geben. Das sind unwürdige Maßnahmen.

Agentur und Jobcenter müssten zu einem Amt – Grundsicherungsamt – zusammengelegt werden. Die Aufgaben dieses Amtes sind unterschiedliche Dienstleistungen des Staates an seine Bürger, um sie zu unterstützen, ohne die Menschen zu knebeln und zu entwürdigen.

Ein nicht zu vernachlässigender Bereich für die Bekämpfung von Armut und Arbeitslosigkeit ist die Umgestaltung von Erziehung und Bildung als Grundlage für eine gesunde Gesellschaft.

Erziehung und Bildung

In diesem Kapitel geht es nicht um wissenschaftliche Recherchen aus den Bereichen Soziologie, Psychologie und Pädagogik, sondern schlicht und einfach um die kritische Beobachtung der Entwicklung und des Verhaltens von Kindern und Jugendlichen aus der Sicht eines Narrens, der durch die Stellung als Außenseiter Wahrheiten sieht, die andere wegen ihres festen Platzes in der sozialen Hierarchie nicht sehen können oder sehen wollen.

Als zukünftige Mitglieder der Gesellschaft und heranwachsende verantwortliche Personen für alle Bereiche des gesellschaftlichen Miteinanders in Politik, Verwaltung, Wirtschaft und Finanzen sollten Menschen erzogen und ausgebildet werden mit aktiver Lebensenergie, die sich des Daseins erfreuen und sich mit festen Schritten durch die täglichen Herausforderungen hindurchbewegen können.

Heranwachsende sollten lebenslustige Kinder sein, naturverbunden, neugierig, immer bereit, Unbekanntes zu erforschen mit Freude an Überraschungen in allen Lebensphasen.

Was geschieht aber mit den Kindern in Schulen und Elternhaus?

Wenn ein Menschlein das Licht der Welt erblickt, ist es reinen Herzens und ein unbeschriebenes Blatt, aber ausgestattet mit einem Ur-Instinkt, der jedem Lebewesen zu eigen ist. Die weitere Entwicklung wird bestimmt durch das Umfeld, in das der kleine Mensch hineingeboren wird. Die Eltern, die Geschwister, die Wohnsituation und die Umgebung, z.B. Stadt oder Land, bestimmen maßgebend die Entwicklung des Kindes. Das unschuldige Kind kann seine Umgebung nicht beeinflussen, aber es wird beeinflusst von seiner Umgebung. Es ist ein Unterschied in der persönlichen Entwicklung, ob man als Kind im Freien, in der Natur, spielen kann, sich schmutzig machen darf und Würmer und Käfer sammeln kann, um sie zu panieren und in der Pfanne zu braten, auch wenn die Oma fast einen Nervenzusammenbruch bekommt, oder ob man in Wohnblocks aufwächst, nicht weiß, wie ein Schwein und eine Kuh aussehen und nie ein offenes Feuer gesehen hat!

Mit dem Beginn der Konditionierung, der Einbettung in Hierarchiesysteme und oft falschen Erziehungsmaßnahmen, wird nicht selten die freie Entfaltung der kleinen Persönlichkeit gehemmt und die angeborene Neugier, zu erforschen und zu experimentieren, viel zu früh unterdrückt.

Die Bedeutung der persönlichen Erfahrung als wichtiger Meilenstein bei der Entwicklung zu einer selbstbestimmten und selbstbewussten Persönlichkeit wird von vielen Eltern, und später von den Lehrern, vollkommen unterschätzt.

Für viele Eltern sind die Kinder Prestige- und Vorzeigeobjekte, die nach ihren eigenen Vorstellungen funktionieren müssen. Die typischen Schlagwörter sind: „Das macht man nicht! Du darfst das nicht!

Sei anständig! Zapple nicht herum! Mach dich nicht schmutzig! Du darfst nicht lügen!" Gleichzeitig kann man beobachten, dass die Eltern sagen, wenn jemand anruft oder an der Tür klingelt: „Sag, ich bin nicht da".

Wenn die Kinder in den Kindergarten und später zur Schule gehen, beginnt der Leistungsdruck. Gute Noten sind für die meisten Eltern wichtiger als die Notwendigkeit, die Kinder für das tägliche Leben in einer komplizierten Gesellschaft stark zu machen.

Obwohl in jedem Menschen, auch in Kindern und Jugendlichen, Erkenntnis und Einsichtsvermögen stecken, fehlen oft von außen, von Eltern und Lehrern, die notwendigen Impulse und unterschiedlichen Reize, das Einsichtsvermögen zu wecken und lebendig zu halten.

Gute Noten machen noch lange keinen guten Menschen, der mit Sozialkompetenz, Eigenverantwortung und Selbstvertrauen den Anforderungen im gesellschaftlichen Miteinander gewachsen ist.

Der Leistungsgrundsatz vertritt die Meinung, dass seine Leistung allein über den Wert eines Menschen entscheidet. Eine Leistungsfähigkeit und eine Leistungssteigerung sind aber nur möglich, wenn in der Tätigkeit ein Sinn erkannt wird und der Mensch sich mit Freude der Tätigkeit zuwenden kann.

Wenn im Zusammenhang mit Leistungssteigerung und Freude am Lernen keine Harmonie erreicht werden kann, entsteht eine innere Spannung, die sich als Angst und Nervosität zeigt. Die Konzentration während des Schulunterrichts und bei der Erledigung der Hausaufgaben geht verloren.

Die Diagnose der Kinderärzte lautet dann: „ADHS, Aufmerksamkeitsstörung, hyperaktiv und verhaltensgestört". Allzu schnell sind viele Eltern und Kinderärzte bereit, den Kindern Medikamente zur Beruhigung und Konzentrationssteigerung zu geben. Ritalin ist das scheinbare Wundermittel, das in Elternhäusern und Schulen die Verantwortlichen vor scheinbar unruhigen, leistungsschwachen und unkonzentrierten Kindern schützen soll. In Wirklichkeit werden viele lebhafte und neugierige Kinder krankgemacht für das weitere Leben, mit inzwischen nachgewiesenen Langzeitfolgen und Abhängigkeiten. Von den ca. 7% ADHS-Kindern, Tendenz steigend, können nur knapp ein Drittel von den scheinbar psychischen Störungen befreit werden.

In den meisten Fällen geht es bei der Verschreibung von Ritalin nicht darum, den Kindern zu helfen, sondern den Lehrern und Eltern das Leben zu erleichtern.

Die Eltern, wahrscheinlich vor allem die Mütter, schlucken oft selbst irgendwelche Giftpillen, wie Antidepressiva und unterschiedliche Schmerzmittel. Sie kommen nicht damit zurecht, lebhaften, für Neues aufgeschlossenen Kindern die notwendige Aufmerksamkeit und Fürsorge für eine gesunde, naturverbundene Entwicklung zu geben. Anstatt mit den Kindern in Wald und Wiese zu gehen, gemeinsam Drachen zu basteln und fliegen zu lassen, mit einer kleinen Kinderschaufel einen Damm an Pfützen und Bächen zu bauen, Pflanzen und Tiere zu beobachten oder zu Hause gemeinsam mit Legosteinen Burgen und Bauernhöfe zu bauen, müssen die Kinder stillsitzen und lernen. Sie dürfen sich auf keinen Fall draußen schmutzig machen und mit dreckigen Schuhen nach Hause kommen.

Auch die Freizeit der Kinder wird von prestigesüchtigen Eltern zu sehr beschnitten. Musikunterricht, Tanzschule und Leistungssport aller Schattierungen sind Pflichtübungen, die aber eine freie Entfaltung als selbstbestimmter Mensch beeinflussen.

Jean-Jacques Rousseau sagte: „Die Natur will, dass Kinder Kinder seien, ehe sie Erwachsene werden".

Die Eltern verplanen die freie Lebenszeit der Kinder und verhindern, dass sie selbst auf das Leben reagieren können, wie es sich ihnen darbietet. Die Rechnung der Eltern geht nicht auf, weil das Leben nicht so verläuft, wie sie es sich denken. Das Leben kann niemals als Spiel mit festen Regeln betrachtet werden, es ist immer anders, nichts Bestimmtes.

Jede Freiheit unterliegt auch Beschränkungen und Beachtung von allgemeingültigen Regeln. Kinder und Jugendliche sollten schon früh, bei jedem Schritt lernen, das Bewusstsein für sich selbst und für das Universum zu entwickeln. Sie wachsen dann heran zu selbstbewussten, selbstbestimmten und verantwortungsvollen Mitgliedern der Gesellschaft. Mit Weitblick und Toleranz können sie viel bewirken und die Warteschlangen vor der Agentur für Arbeit und dem Jobcenter rückläufig beeinflussen.

Diese Menschen verstehen die Bedeutung der persönlichen Erfahrung und sie wissen, der Eigenwert und die Unterschiedlichkeit eines jeden Menschen bieten die Möglichkeiten des individuellen Handelns mit Verantwortlichkeit als Grundlage vieler neuer Ideen.

Diese neuen Ideen sind notwendig für die grundlegende Neugestaltung unserer Gesellschaft!

Schulen und alle weiterführenden Bildungsträger müssen hier zukünftig ihren Beitrag leisten. Die Verantwortlichen sollten ein bisschen in die Vergangenheit zurückdenken. In meinem Abschlusszeugnis der Berufsfachschule 1957 stehen drei wichtige Kopfnoten: Verhalten in der Schule, Mitarbeit in der Klasse und Schulbesuch.

Das heutige Schulsystem ist aufgebaut auf Leistungsdruck. Dieses System umzugestalten ist ein langer, schwieriger Weg, der neue Motivation und neues Denken erfordert. Auch eine Reise von tausend Meilen erfordert den ersten Schritt. Leistungsdruck und Stress könnten mit nur einem neuen Schulfach abgebaut werden, um psychisch gesunde Kinder und Jugendliche aufzubauen.

Die drei oben genannten Kopfnoten müssten gebündelt werden zu einem für alle gültigen Pflichtfach. Es könnte heißen: **„Sozialkompetenz, Seelen- und Herzensbildung"**.

Der Lehr- und Lerninhalt ist dreigliedrig wie die Kopfnoten:

<u>Verhalten in der Schule</u>

Die Verhaltensforschung mit den unterschiedlichen Verhaltenstherapien ist ein sehr umfangreiches, aber auch kontrovers diskutiertes Gebiet. Für den Bereich Kindergarten, Schule, Studium und Beruf geht es vorrangig um das Sozialverhalten und das soziale Handeln der Gruppenmitglieder untereinander und miteinander. Das Sozialverhalten betrifft alle Verhaltensweisen der Menschen, die auf Reaktionen und auf Aktionen anderer Gruppenmitglieder ausgerichtet sind.

Da jeder Mensch ein einzigartiges, einmaliges Wesen ist, werden auch bei Eintritt in eine Gruppe unterschiedliche Voraussetzungen, Konditionierungen und Erziehungsmuster eingebracht. In einem gemeinsamen Schulfach „Verhalten" mit dem Schwerpunkt „Sozialverhalten", könnten die Kinder gemeinsam die unterschiedlichen Vorstellungen und Voraussetzungen auf einen Nenner bringen. Grundvoraussetzung sind natürlich qualifizierte Lehrkräfte und Gruppentrainer, die nicht nur einen erstklassigen Hochschulabschluss haben, sondern auch viel Lebenserfahrung und Feingefühl mitbringen.

Wenn die Kinder gemeinsam die drei Bereiche des Verhaltens: Handeln, Dulden und Nichthandeln bearbeiten und erarbeiten, stärkt es das Verständnis für einen humanen Umgang miteinander. Dulden ist Stillhalten oder Zulassen und Nichthandeln kann Unterlassen von notwendigem Handeln sein.

Rollenspiele mit Hervorhebung der vier Typen des sozialen Handelns wären mit Sicherheit eine gute Ausgangssituation und eine Stärkung der Persönlichkeit für den weiteren Lebensweg.

Die vier Typen des sozialen Handelns sind:

1. Zweckrationales Verhalten, wenn ein bestimmter Zweck erreicht werden soll.

2. Wertrationales Handeln. Hier gilt der Glaube an den Eigenwert eines Verhaltens, unabhängig vom Erfolg des Handelns.

3. Affekthandeln, bestimmt durch emotionales Verhalten.

4. Traditionelles Verhalten, orientiert nach Gewohnheiten.

Wenn mit den Kindern die Grundstrukturen der unterschiedlichen Verhaltensmuster gemeinsam erarbeitet werden, kommt es bestimmt zu besseren Umgangsformen und respektvollem Umgang miteinander.

Verhalten kann erlernt werden und ursprüngliches Fehlverhalten, oft wegen falscher oder fehlender Erziehung, kann wieder verlernt werden!

Wenn Denk- und Verhaltensweisen erlernt werden können, sind Eltern, Kindergärten, Schulen und alle weiterführenden Bildungseinrichtungen aufgefordert, den jungen Menschen einen guten Start ins Leben zu garantieren.

Fraglich ist, wie dies funktionieren soll, wenn teilweise bei den Bezugspersonen die Denk- und Verhaltensweisen gestört sind?!

„Fordern und fördern" steht hier im Mittelpunkt!

Die Kinder sind von Natur aus neugierig und wissbegierig. Wenn diese Eigenschaften nicht schon im Elternhaus unterdrückt oder blockiert wurden, ist es Sache der Lehrer, den Unterricht so interessant und lebhaft zu gestalten, dass alle Kinder gerne mitarbeiten. Wichtig ist auch, dass alle Kinder überhaupt von den Lehrern wahrgenommen werden, was in zu großen Klassen nicht immer so ist.

Gemeinsam handeln und kooperieren, an einem Werk oder in einem Projekt etwa zu gestalten und auszuführen, ist für Kinder immer willkommen. Anerkennung durch den Lehrer mit einem guten Verhältnis von Lob und Tadel ist fördernd.

Die Note für „Mitarbeit" kann ein gutes Spiegelbild der Arbeitsweise der Lehrkräfte sein. Vielleicht wurden die Kopfnoten auch abgeschafft, weil sie zum Teil die Qualifikation der verantwortlichen Bezugspersonen erkennen lassen? Ein altes Sprichwort sagt: „Wie der Herr, so das Gescherr".

Schulbesuch

Die Benotung von „Schulbesuch" ist gewiss eine komplizierte Angelegenheit. Schulschwänzer und Schulverweigerer haben eine unterschiedliche Motivation für ihr Verhalten. Ältere Kinder und Jugendliche gehen morgens mit der Schultasche aus dem

Haus, aber nicht zur Schule, sondern um nach der Null-Bock-Methode irgendwo im Nirgendwo „herumzuhängen“. Eltern, Lehrer und Schulpsychologen können die Innenwelt dieser Frühaussteiger nicht mehr erreichen. Sie zählen wahrscheinlich zu den Personen, die später die nachwachsende Ware Mensch für die Jobcenter darstellen.

Vollkommen anders verhält es sich mit kleinen Kindern ab sechs Jahren aufwärts. Wenn diese Kinder Schulverweigerer werden, morgens Bauchweh haben und weinen, weil sie nicht zur Schule gehen wollen, handelt es sich möglicherweise um Erziehungsfehler. Diese Situation ist oft zu beobachten bei Einzelkindern oder Schulanfängern, die sich von der Mutter vernachlässigt fühlen, weil die ganze Zuwendung der kleinen Schwester oder dem kleinen Bruder gilt.

Der Schulbesuch muss in den Elternhäusern als etwas vollkommen Normales und Selbstverständliches behandelt werden, ohne Druck und ohne Stress. Er muss in der verantwortungsvollen und disziplinierten Lebensorganisation der Familien einen festen Bestand haben. Angst können kleine Kinder nur haben, wenn unsichere Eltern dieses Gefühl übertragen und zusätzlich aus Prestigegründen von ihren kleinen Kindern die Ergebnisse eines „Lernroboters“ erwarten.

Ein neues Schulfach „Sozialkompetenz – Seelen- und Herzensbildung“ könnte den Kindern ein gutes Werkzeug an die Hand geben, Freude am Lernen zu entwickeln und mit Stress in Schule und Elternhaus besser umzugehen.

Die Eltern können mit einbezogen werden, z.B. mit monatlichen Diskussionstagen zusammen mit Schülern und Lehrern!

Wir brauchen eine Erneuerung der Gesellschaft von der Basis her, seelisch starke, junge Menschen als umsichtige, verantwortungsvolle, zukünftige Eltern und Mitglieder einer gesunden, offenen Gesellschaft. Sie müssen es schaffen, verkrustete, alte Systeme in Bildung, Verwaltung, Wirtschaft und Finanzen neu zu gestalten.

Woody Allen sagt: „Dabeisein ist 80% des Erfolgs".

Also, motiviert sein, dabei sein und gemeinsam vorwärtsschauen und vorwärts gehen in eine bessere Zukunft!

Zusammenfassung

Die Gesellschaft ist ein chaotisches Organisationssystem, das aus sich selbst heraus in gewissen Zeitabständen Abläufe neugestaltet und hervorbringt. Die einzelnen gesellschaftlichen Bereiche sind in einem komplexen Zusammenspiel miteinander verbunden und in Rangstufen gegliedert. Verschiedene Hierarchie-Ebenen regeln die Verantwortlichkeit, Aufgabenverteilung und Kommunikationswege innerhalb der Gesellschaft.

Der Mensch und seine Umwelt als kleine Einheit, Mikrokosmos, ist der Gegensatz zum Weltall, der großen Einheit, Makrokosmos. In der Funktion sind beide gleich. Die Praxis ist aber komplizierter, denn der Mensch hat einen Verstand, der nicht immer zum Wohl der Allgemeinheit eingesetzt wird.

In allen Organisationen, von der Familie bis zur großen Politik, arbeiten Menschen miteinander und nicht selten gegeneinander. Durch Lobbying, Beeinflussung von Personen aus Politik, Wirtschaft und Verwaltung von Interessengruppen werden klare Vorschriften und Regeln kurze Zeit später entgegengesetzt dargestellt und ausgeführt, weil es irgendwelchen mächtigen Personen oder Firmen nicht gepasst hat. Zum Beispiel ist der Einfluss der Pharmaindustrie auf das Gesundheitswesen, die Ärzteschaft und damit quasi auf die Gesellschaft allgemein sehr ausgeprägt.

Ein ganz aktueller Fall ist das Medikament „Ritalin“ für Kinder mit ADHS. In einer Süddeutschen Zeitung vom 5.01.2018 liest man in der Rubrik „Gesundheit“ in dem Artikel „Eltern können ADHS-Kindern helfen“, unter anderem: „Kinder bekommen nämlich nicht deshalb ADHS, weil Eltern falsch erziehen. Vielmehr gehen Wissenschaftler davon aus, dass verschiedene Faktoren, vor allem die Gene, als Auslöser eine Rolle spielen.“

Das ist eine sehr bedenkenswerte Aussage, die den Eltern den Freibrief gibt, Medikamente zu verabreichen, die wahrscheinlich abhängig machen und zu frühen, ernsthaften Krankheiten führen können. Bei den Recherchen über Ritalin merkt man sehr wohl, welche Aussagen von den Wissenschaftlern kommen, die für die Pharmaindustrie tätig sind, und welche Berichte aus der freien Forschung, von neutralen Wissenschaftlern stammen.

Außerdem weiß, oder vermutet man ja auch inzwischen, dass Gene sich positiv oder negativ verändern können, wenn das Umfeld und die Lebensart hierzu beitragen.

Seit Kriegsende hat das Zusammenspiel in der Gesellschaft eine gewaltige Entwicklung durchlebt, nicht unbedingt hin zum Positiven.

Wir konnten als Kinder einerseits auf Trümmern und Ruinen herumtoben, hatten aber andererseits schon im Alter von acht bis zehn Jahren eine große Verantwortung innerhalb der Familien. Unsere

Mütter mussten hart arbeiten, um Nahrung und Kleidung zu beschaffen. Für uns Kinder war es selbstverständlich, den Haushalt in Ordnung zu halten, zu putzen, aufzuräumen und Geschirr zu spülen. Unser Schulweg war eine Strecke von 10 km. Davon mussten wir 4 km zu Fuß zurücklegen. Heute werden die Kinder mit dem Auto zur Schule gefahren. Die Eltern blockieren mit ihren Autos Straßen und Gehwege vor den Schulen, nicht immer zur Freude der Anwohner. Wir konnten uns auf dem Schulweg unterhalten, singen und lachen! Die Schulaufgaben wurden zum Teil im Bus oder in der Straßenbahn gemacht, dies alles ohne Stress und ohne Ritalin. Heute haben schon kleine Kinder I-Phone oder Smartphone, die Unterhaltung, das gesprochene Wort, stirbt aus. WhatsApp oder SMS sind die Grundlage für die Kommunikation. Die Abhängigkeit von der Technik, der Stress in den Familien und Schulen, oft zusätzlich das Prestigedenken der Eltern macht die Kinder krank und zu profitablen Kunden für die Pharmaindustrie. Tragisch ist auch, dass Eltern auch auf den Spielplätzen nicht mehr mit den Kindern spielen, sondern sich selbst hauptsächlich mit ihren Handys beschäftigen. Der soziale Status muss auch gewährleitet sein. Schulen mit vielen Ausländerkindern sind nicht mehr standesgemäß, Privatschulen werden oft bevorzugt. Hier wird der Grundstein für die soziale Kluft in der Gesellschaft gelegt.

Die in der Nachkriegszeit gewachsenen Strukturen beginnen zu bröckeln! Dies geschieht mal unbewusst, mal gewollt rücksichtslos und radikal.

Die Kluft und damit die Spannung in der Gesellschaft wird immer größer und gefährlicher!

Scheinbar ist das menschliche Gehirn in vielen Fällen so ausgestattet, dass mit dem Anstieg von Erfolg, Prestige, Anerkennung und Macht die edlen Charaktereigenschaften, wie Moral, Loyalität, Hilfsbereitschaft, Ehrlichkeit und Verantwortungsgefühl gegenüber den Menschen und der Umwelt verdeckt oder ganz getilgt werden.

Diese Kinder und Jugendlichen, die nicht mehr unbeschwert, getragen von ethischen Grundgedanken aufwachsen, sollen die zukünftigen, verantwortlichen Arbeitnehmer, Arbeitgeber, Beamten, Politiker, Fachkräfte im Gesundheitswesen und werden!

Was hat unsere Gesellschaft da zu erwarten, wenn schon jetzt Verwaltungschaos herrscht? Nicht viel!

Die Gesellschaft kippt, sie fällt in sich zusammen, wenn die klugen Köpfe aussterben.

Dass dies nicht mehr weit ist, sieht man zurzeit auf der politischen Ebene. Zerfall der Volksparteien, weil die Sprache zur sehr die Kommunikation behindert und das Bewusstsein sich von der Sache distanziert, nach dem Motto: „Wir haben versucht, uns zu verständigen, aber die Worte kamen uns in den Weg".

Ist die GroKo ein Lustspiel oder ein Tauerspiel!?

Was hat dies alles mit der Agentur für Arbeit und dem Jobcenter zu tun?

Heranwachsende Menschen, Kinder und Jugendliche aus allen sozialen Schichten, bilden den Grundstock für das Humankapital in den Betrieben und Verwaltungen. Die Agentur für Arbeit und das Jobcenter sind die größten Arbeitgeber in Deutschland mit ständigem Bedarf an neuen Mitarbeitern. Wo gibt es in Zukunft die verantwortungsvollen, disziplinierten und qualifizierten Mitarbeiter für Unternehmen aller Bereiche, wenn eine kranke, sehr oft von Medikamenten abhängige Gesellschaft heranwächst!?

Nicht nur die Arbeitsleistung, in vielen Bereichen computergesteuert, also abhängig von der Technik, bestimmt den Wert eines Menschen. Motivation, Leistungsbereitschaft, seine Fähigkeiten und Fertigkeiten, d.h. sein Wissen und sein Können, sind wichtige Ressourcen für den Wert der gesamten Gesellschaft.

Wenn in allen Formen von Wirtschafts- und Verwaltungseinrichtugen, einschließlich Bildung, nicht genug für eine natürliche Qualifizierung und Motivation seiner Mitglieder investiert wird, verliert auf diese Weise die gesamte gesellschaftliche Organisation an Wert. Das gesamte System bricht in sich zusammen.

Die Anzahl der von Agentur und Jobcenter zu betreuenden Menschen steigt. Die Qualifikation der Mitarbeiter in der Agentur und dem Jobcenter sinkt. Dies betrifft natürlich auch andere Verwaltungsbereiche in Kommunen, Versicherungen, Krankenkassen usw.

Ein wirklich großes Übel und ein Zeichen von fehlgesteuerter Organisation sind die langen Warte- und Bearbeitungszeiten von mehreren Wochen und Monaten. Dies ist eine humanitäre Katastrophe, eine Katastrophe, die eine große Zahl von Menschen trifft, sie in Leid und Not stürzt und sie krankmacht.

Wie kann es sein, dass die Mitarbeiter in den unterschiedlichen Verwaltungen derart abgestumpft und gefühlslos sind, dass sie sich nicht vorstellen können, wieviel Traurigkeit, Resignation und Zorn die Menschen empfinden, wenn sie Tag für Tag vergebens in den Briefkasten schauen, anrufen, ohne Antwort zu erhalten, zum entsprechenden Amt fahren, ohne eine Entscheidung über ihr Anliegen zu bekommen. Kostbare Lebenszeit, Lebensfreude, Kreativität und Zufriedenheit, vor allem auch in Familien mit Kindern, geht verloren, mit zermürbenden Wartezeiten für notwendige und berechtigte Unterstützung.

Die Arbeitsweise der Jobcenter ist total widersprüchlich, einfach unmöglich. Einerseits die langen Warte- und Bearbeitungszeiten in der Leistungsabteilung, andererseits die monatliche Vorladung der Hartz-IV-Empfänger von der Arbeitsvermittlung. Warum müssen die Menschen regelmäßig antreten, wenn die Agentur für Arbeit sie nicht in Lohn und

Brot bringen konnte und das Jobcenter nicht in der Lage ist, einmal wöchentlich ein brauchbares Angebot zu unterbreiten, dies bitte per Post oder E-Mail?

Dies muss man schon richtig verstehen. Die regelmäßigen, meistens unsinnigen, Vorladungen sind ja bei Nichterscheinen einer der Hauptgründe für die Erteilung von Sanktionen. Ein lukratives Geschäft für die Jobcenter.

Ein Artikel in der Bildzeitung vom 17.01.2018 macht dies sehr deutlich: „Rekordanstieg bei Sanktionen. 91.590 Strafen gegen Hartz-IV-Bezieher verhängt." Diese Zahl wurde für nur einen Monat, den September 2017, ermittelt. Im Schnitt wurden pro Person € 108,00 pro Monat gekürzt. Eine einfache Rechnung: 91.590 x 108 = 9.891.720,00 Euro Gewinn in einem Monat für das Jobcenter, aber Hunger, Not und Elend bei den betroffenen Menschen. Neunmillionen-achthunderteinundneunzig-tausend-siebenhundertzwanzig Euro in einem Monat!

Es gibt nur eine Lösung, der Ausbeutung der Armen und bedürftigen Arbeitslosen durch den Staat Einhalt zu gebieten:

Die revolutionäre Erneuerung
der Gesellschaft!

Die notwendige Erneuerung betrifft nicht nur den Verwaltungsmoloch von Agentur und Jobcenter

mit den angeschlossenen Zulieferern, wie Bildungseinrichtungen, Jugendwohnheimen, Berufsberatern
usw., sondern viele andere Bereiche der Gesellschaft. Erwähnen möchte ich nur einige wichtige
Themen: ständig zunehmende Kinderarmut, die das
Heranwachsen von körperlich und geistig gesunden
Mitgliedern der Gesellschaft erschwert, Altersarmut
von Menschen, die mit Fleiß und Disziplin zum
Wohle der Gesellschaft beigetragen haben, Woh-
nungsnotstand mit immer mehr Obdachlosen und
die Erwerbsarmut von Menschen, die täglich zur
Arbeit gehen, aber weniger als 60% des durch-
schnittlichen Nettoeinkommens zur Verfügung haben. Viele von diesen Menschen haben oft mehrere
Jobs gleichzeitig, können sich aber trotzdem nicht
von ihrem Verdienst ernähren. Betroffene sind Beschäftigte im Niedriglohnsektor, ungefähr fünf Millionen geringfügig Beschäftigte (Minijob), Alleinerziehende und kinderreiche Familien. Eine Gruppe
Personen muss hier auch noch genannt werden, die
allein arbeitenden Selbstständigen. Bei diesen Personen steht die berufliche Qualifikation bei dem
Schritt in die Selbstständigkeit an erster Stelle, die
gesamte Verwaltung, einschließlich der kaufmännischen Organisation, wird oft unterschätzt. Selbstständigkeit heißt selbst und ständig tätig sein. Der
Zeitaufwand steht meistens in keinem Verhältnis
zum Verdienst.

Die Missstände in den Betrieben mit Lohndum-
ping, Zeitarbeit und Werksverträgen sind auch

nicht fördernd für den sozialen Frieden unter den Beschäftigten.

Mit der Einführung eines Grundeinkommens oder eines Bürgergeldes könnten viele Sozialleistungen gebündelt werden. Der Zusammenhang zwischen Arbeit und Einkommen bekäme eine neue Bedeutung. Die betroffenen Menschen könnten ohne Druck und Zwang und der ständigen finanziellen Not einer Arbeit nachgehen, die ihren Fähigkeiten entspricht und Motivation und Kreativität erzeugt.

Ein Bewusstseinswandel ist erforderlich. Er beginnt mit Erziehung und Bildung.

Nicht Elite-Roboter sind gefragt, sondern Menschen mit Herz und Verstand und mit einem natürlichen Bezug zum täglichen Leben.

Johanna Sameit

Geboren bin ich 1937 in der Nähe von Iserlohn, Westfalen. 1939 siedelte ich mit meinen Eltern und Geschwistern um nach Pommern. 1948 kamen wir über Umwege wieder zurück nach Quakenbrück, Niedersachsen, später wieder nach Iserlohn.

Nach Beendigung meiner Schul- und Lehrzeit ging ich nach Süddeutschland, zunächst nach Grenzach (1959), in der Nähe von Basel und 1971 nach Ulm.

Als Industriekauffrau, Bilanzbuchhalterin und Fachkauffrau für Organisation beschäftige ich mich seit über 50 Jahren mit Organisationssystemen in unterschiedlichen Branchen und Firmengrößen, vor allem mit den MENSCHEN in diesen Systemen.

Mein Autorenname ist mein Geburtsname, ich heiße jetzt Mahmutovic. E-Mail: johanna-sameit@t-online.de

Meine bisherigen Bücher:

Meine Welt bin ich
Stationen eines bewegten Lebens

ISBN 978-3-8311-4713-7, HC, 68 S., € 13,80 (2003)

In meinem ersten Buch erzähle ich die Geschichte meines Lebens. Es ist eine Reise durch Deutschland. Mein Motto: „Nie vor der Zeit unglücklich sein, sondern einfach den Weg gehen, der vor uns liegt". Ein Kind kann die Weltgeschichte nicht beeinflussen, aber sie beeinflusst das Leben des Kindes. Zunächst gut behütet, entsteht ein Chaos als Beginn eines langen Weges. Diesen Weg bin ich gegangen, mit der festen Überzeugung: Es gibt keinen Zufall, auch das scheinbar Zufälligste ist ein auf weitem Wege herangekommenes Notwendiges. So denke ich und lebe danach.

Mein Kopf ist wie ein Vogelnest
Gedanken und Gedichte

ISBN 978-3-8330-0588-6, HC, 64 S., € 13,80 (2003)

Was ist mein wirkliches Leben? Die tägliche Arbeit, immer fit sein? Oder meine Träume und Sehnsüchte? Nur eine Harmonie zwischen diesen beiden Polen kann Lebensenergie aufbauen und Lebensfreude erzeugen. Meine Gedichte haben mir geholfen, mich vom täglichen Ballast zu befreien und den ewigen Kreislauf von Sonnenaufgang und Sonnenuntergang zu verstehen, nach dem Motto: „Der größte Fantast ist der beste Realist".

Selbstständig und erfolgreich
Hilfe für die kaufmännische Verwaltung in Einzelunternehmen und Kleinbetrieben

ISBN978-3-9809780-3-3, PB, 148 S., € 15,30 (2007)

Bedarf an Informationen über die kaufmännische Grundverwaltung haben kleine Gewerbetreibende, freiberuflich tätige Personen und auch Privatpersonen. Mit den Ergänzungen von Tabellen und Grafiken und der übersichtlichen Beschreibung der Einnahmen-Überschussrechnung ist dieses Buch eine kompetente Hilfe für jeden Steuerpflichtigen.
Mit etwas Disziplin und Eigenverantwortung können ohne viel Aufwand die eigenen Unterlagen und Geschäftsdaten so verwaltet werden, dass ohne viel Mühe am Jahresende der Abschluss erstellt werden kann.
Ein Spezialist zu sein genügt nicht mehr. Nur mit konsequenter Selbstverwaltung behält jeder die notwendige Übersicht und kann dem harten Wettbewerb standhalten.

Coaching

Für Existenzgründer und Unternehmer
ISBN 978-3-8423-1913-4, PB,144 S., € 18,40 (2010)
(auch als E-Book erhältlich)

Wie schaffen wir es, mit unseren Einzigartigkeiten und unseren Fähigkeiten im Dschungel des Lebens zurechtzukommen, nicht im Gestrüpp stecken zu bleiben, sondern gelassen und zufrieden zwischen den Baumkronen zu stehen und die Welt aus einer anderen Perspektive zu betrachten?

Coaching ist eine Möglichkeit für eine fachlich und sachlich kompetente Begleitung in beruflichen und persönlichen Lebensfragen.

Das Buch bietet ein Grundcoaching in vielen wirtschaftlichen, organisatorischen, finanziellen und psychologischen Fragen.

Immer wieder schwarze Löcher

Wege zwischen Wunsch und Wirklichkeit
ISBN 978-3-8482-5991-5, PB,112 S., € 11,80 (2013)
(auch als E-Book erhältlich)

Die Wege zwischen Wunsch und Wirklichkeit sind wie Straßen mit vielen Windungen und Kreuzungen in unserer Gefühlswelt.

Neid, Eifersucht, Enttäuschungen und falsche Vorstellungen von uns selbst, und unberechtigte Sorgen plagen uns ständig und versperren die klare Sicht für ein glückliches Leben.

Immer wieder werden wir Opfer unserer eigenen Erwartungen und Vorstellungen. Starke Gefühle überrumpeln uns und stürzen uns in ein tiefes, schwarzes Loch. Nur mit Disziplin und gefühlvollem Umgang mit uns selbst und unseren Mitmenschen können wir ein glückliches Leben führen.

Patentrezepte gibt es nicht. Jeder muss seinen Weg finden. Dieses Buch soll aber zum Nachdenken anregen und behilflich sein bei der Ideenfindung auf dem Weg zur Selbstverwirklichung und zur Erreichung von Harmonie zwischen Geist, Gehirn und Psyche als Basis für ein erfülltes und zufriedenes Leben.

Zahlungsunfähig

Pech oder Dummheit
ISBN 978-3-7322-5644-0, PB,103 S., € 11,50 (2013)
(auch als E-Book erhältlich)

Warum sind manche Firmen erfolgreich, während andere mit den gleichen Voraussetzungen scheitern?
Eine klare Antwort ist sicher nicht möglich, denn die Ursachen sind vielseitig und vielschichtig. Bei Zahlungsunfähigkeit denken wir an Geld. Wichtiger ist aber das Zusammenspiel der Menschen mit unterschiedlichen Basiseinstellungen in Bezug auf Geld, Erfolg und Teilhabe am gesellschaftlichen und wirtschaftlichen Miteinander. In dem Buch wird versucht, die verschiedenen Gesellschaftsgruppen mit ihren Charaktereigenschaften, Gefühlen und Emotionen zuzuordnen und Fehlverhalten, ob bewusst oder unbewusst, zu erklären.
Persönliche Schicksalsschläge und Naturgewalten sind immer Pech – viele andere Gründe für die Zahlungsunfähigkeit können Dummheit und Gleichgültigkeit sein.

Zitate und Sprüche

Starke Worte berühmter Menschen
ISBN 978-3-7357-7967-0, PB,100 S., € 12,50 (2014)
(auch als E-Book erhältlich)

Aus vielen Angeboten von guten Sprüchen und Zitaten unserer weisen Vorfahren habe ich seit Jahren meine Perlensammlung, als Nahrung für Geist und Seele, zusammengestellt. Jeder Satz, jedes Zitat ist wertvoll. Trotzdem gibt es einige Favoriten, die mir viel sagen. Hierzu gehören vor allem: Marc Aurel, Lucius Seneca, Schiller, Dostojewski, Laotse und Nikolay Gogol. Diese sollen aber nicht den Wert und die Bedeutung der im Buch gesammelten starken Worte großer Persönlichkeiten schmälern.

C.G. Jung
Schweizer Psychologe 1875-1961

„Die großen Lebensprobleme
sind nie auf immer gelöst.
Ihr Sinn und Zweck scheint
nicht in ihrer Lösung zu liegen,
sondern darin, dass wir unablässig
an ihnen arbeiten".

www.ingramcontent.com/pod-product-compliance
Lightning Source LLC
Chambersburg PA
CBHW031320250726
48656CB00005B/1886